高级零工

如何将个人技能有效变现

〔日〕村上敦伺◎著 顾烨清◎译

ZHEJIANG UNIVERSITY PRESS
浙江大学出版社

图书在版编目（CIP）数据

高级零工：如何将个人技能有效变现 / (日)村上
敦伺著；顾烨清译. — 杭州：浙江大学出版社，2020.2
ISBN 978-7-308-19822-6

Ⅰ.①高… Ⅱ.①村…②顾… Ⅲ.①职业选择—通
俗读物 Ⅳ.①C913.2-49

中国版本图书馆CIP数据核字（2019）第264565号

HANTOSHI DAKE HATARAKU.
Copyright @ 2017 Ashishi Murakami
All rights reserved.
First original Japanese edition published by Asahi Shimbun Publications Inc., Japan.
Chinese (in simplified character only) translation rights arranged with Asahi Shimbun
Publications Inc., Japan. Through CREEK & RIVER Co., Ltd. and CREEK & RIVER
SHANGHAI Co., Ltd.

浙江省版权局著作权合同登记图字：11-2019-364号

高级零工：如何将个人技能有效变现
[日]村上敦伺 著 顾烨清 译

责任编辑 张 婷
责任校对 杨利军 牟杨茜
封面设计 张志凯
出版发行 浙江大学出版社
（杭州天目山路148号 邮政编码：310007）
（网址：http://www.zjupress.com）
排 版 浙江时代出版服务有限公司
印 刷 杭州钱江彩色印务有限公司
开 本 880mm×1230mm 1/32
印 张 5.75
字 数 117千
版 印 次 2020年2月第1版 2020年2月第1次印刷
书 号 ISBN 978-7-308-19822-6
定 价 42.00元

浙江大学出版社市场运营中心联系方式： （0571）88925591；http://zjdxcbs.tmall.com

你真的满足于

现在的**工作方式**吗?

作为上班族，

从周一开始日复一日上班到周五。

周五往往一不注意就到了。

经过周末**短暂**休息以后，

马上又迎来了"沉重"的周一……

而这样的循环每年要**周而复始 52 次**。

即使是年末年初、

孟兰盆节 ①这样的长假，

最多也只能连续休息２周。

然后继续遵循现在的工作方式，

你总会觉得，

"绝对去不了某些国家"，

"体验不了某些事情"。

①　日本人追祭祖先的传统节日。

终于**退休了**。

退休的你虽然拥有

"期盼已久的**自由**"

和

"一定的**经济实力**"，

但"心理"和"生理"都已**衰退**。

回顾往昔，

也没有什么惊心动魄、

记忆犹新的"回忆"……

你**真的**接受得了
这样的**人生**吗?

序
言

读者朋友们好，我是村上敦伺。

在我还是个公司职员的时候，总觉得一不留神就到了周五，就像时空瞬移一样。这当然是埋头工作的结果，但那时的我每天都在想这样一个问题：我真的接受得了这种工作狂似的人生吗？

诚然，有的人认为工作有值得做的价值，进而说工作也是一段修行。对这些人来说，工作自然成不了问题。但另一些人，他们原本就有其他更想做的事，却不得不忍受着上班的煎熬。对这些人来说，难道没有必要暂停下来，重新思考一下自己的人生吗？

很多人都陷入了一种进退两难的窘境：学生时代，有时间，但没有钱；工作以后，有了一定的积蓄，但却没有了时间。虽说有句古话叫作"鱼与熊掌不可兼得"，但事情并不囿于此。

我们还可以选择另一种生活方式：一边维持上班族的年薪，一边确保一到六个月的自由时间。

这就是从事自由职业的路线。

举个具体的例子。我个人在 2006 年离开上班族的大军，此后 11 年来一直从事着自由职业，以"半年工作，半年旅行"的方式继续着自己的生活。

直截了当地说，我的时薪是 1 万日元。借由取得高时薪的方式，一年休息整整半年的想法是可以实现的。当然，我们可以在年轻的时候通过这种做法得到"压倒性的自由"。

所以，"经济上的自由"和"时间上的自由"可以两全。

有句古话叫"枪打出头鸟"。"无休止地继续工作是一种美德"的价值观在日本广为传颂。

但这种压抑着不满的生活有什么意义呢？

面对不满，我们真的没有必要忍耐。

为了消除这些不满，我们只需要付出行动。自然，也会有"枪打出头鸟"的事情发生，也会有招致失败结果的可能。但正如我们常说的那样，"比起做了之后后悔，什么都不做的后悔将痛苦百倍"。

没有什么比试着迈出第一步更重要。

我们经常听到诸如"劳动方式改革""工作与生活的平衡"这样的词句，这归根结底说的是劳动方式的问题。

公司主导的改革终归以企业的利益优先，为此要些小聪明的做法似乎不可避免。那么，我们自己为什么不亲手设计自己的生活，戏剧性地改革自己的工作方式呢？

本书介绍了"改革"的具体方法，所记内容为"只用半年来工作"的方法论。全书的构成如下：

第一章介绍了在只工作半年的情况下，如何形成良好的现金流，以及哪些职业适合这种自由的生活方式；

第二章是关于从事自由职业后如何获得工作等内容，是创业后的方法论；

第三章详细解说了面向自由职业的各职业；

第四章、第五章写了通过只用"半年工作"获得"半年自由"后如何在生活中践行最小主义，以及为什么要享受喜欢的事物。

希望入手这本书的朋友能在不久的将来实现"真正的自由"。

04

最小限度地
生活

05

混合式
生活

半年だけ
働く

01
给朝九晚五的
生活画上句号

"半年工作，半年旅行"这种生活方式

说起自主创业，也许在一些人的想象中，就是在确定某种商业模型后，通过雇佣、投资、借贷的方式进行一番大规模创业。

本书所述内容并不涉及这种大事业型的创业，而是介绍了如何利用上班时培养的技术，无风险地从事自由职业的方法。

本书的主体介绍了工作取舍的策略，以及如何在维持上班族时期年收入的同时取得长假的生活方式。长假长则半年，短则一到两个月。

也许很多人认为：这种好事是不存在的吧！但实际上真的有这样的好事。

我自己就是这样一个例子。这10多年以来，我一直按照"半年工作，半年旅行"的方式生活着。

2006年，我从外资咨询公司埃森哲辞职，成为个人咨询顾问（个人独自承接业务的自由咨询顾问）。此后，我每年只拿半年时间进行工作，余下的半年则用于看球赛或者去世界各地旅行。

下表所示的是我12年来在海外旅行和作为咨询顾问工作的时间段。顺带一提，年表中的空白时间段表示我不是在家宅着就是在东京找工作。

无论日本国家足球队的比赛是在国内还是在国外举行，我基本每年都会去现场观赛。对于四年一度的世界杯和奥运会，我也从不缺席。截至目前，我共计去55个国家旅行过。

虽说是"半年工作，半年旅行"，但实际上我并没有将每年以6个月、6个月的形式进行划分。有好几次，我都是在进行咨询工作超过一年以后才办理的离职。所承接咨询项目的时长也是一个月到一年以上不等。各种各样的情况都有。

最近我与委托人交涉，希望将劳动时间降至原先的60%（也就是说，如果原先平均每周工作5天，现在则每周工作3天，一天工作8个小时），挑战一种全新的工作形式——3天工作，4天自由。

笔者最近 12 年的年表

状态 / 工作　　海外

年份	1月	2月	3月	4月	5月	6月	7月	8月	9月	10月	11月	12月
2006 年	公司职员	公司职员	公司职员	公司职员	公司职员	德国世界杯	加拿大	加拿大	加拿大	加拿大	南美	美国
2007 年	加拿大	加拿大	加拿大	加拿大	加拿大	加拿大	东南亚		咨询顾问	咨询顾问	咨询顾问	澳大利亚
2008 年		咨询顾问	咨询顾问	咨询顾问	咨询顾问	咨询顾问	咨询顾问	北京奥运会	咨询顾问		中东	咨询顾问
2009 年				研修讲师								
2010 年	周游世界	周游世界	周游世界	周游世界	周游世界	周游世界	周游世界	周游世界	周游世界	周游世界	周游世界	周游世界
2011 年	中东	欧洲	咨询顾问	研修讲师		南亚世界杯			中国	咨询顾问	咨询顾问	咨询顾问
2012 年	咨询顾问	咨询顾问	咨询顾问		欧洲	澳大利亚	欧洲	伦敦奥运会		欧洲	中东	咨询顾问
2013 年			中东	咨询顾问	咨询顾问		咨询顾问	咨询顾问	咨询顾问	咨询顾问	咨询顾问	咨询顾问
2014 年	中东	巴西				巴西世界杯			韩国	东南亚		
2015 年	澳大利亚					加拿大						
2016 年	咨询顾问	咨询顾问	咨询顾问	咨询顾问	咨询顾问	咨询顾问	咨询顾问	里约热内卢奥运会	咨询顾问	中东	咨询顾问	咨询顾问
2017 年	咨询顾问	咨询顾问	阿联酋	咨询顾问	韩国	俄罗斯	咨询顾问	咨询顾问	咨询顾问	咨询顾问	欧洲	咨询顾问

不熟悉咨询行业自由职业者的人，大概会有这样的疑问：你究竟是如何实现如此自由奔放的生活的？本书将对下列大家都很关心的问题一一进行解答。

> ①只工作半年，钱真的够用吗？
>
> ②怎么找到这样的工作？
>
> ③要成为自由职业者，需要做好哪些准备？
>
> ④除了咨询顾问，哪些职业的人可以当自由职业者？
>
> ⑤四五十岁也可以通过自由职业过活吗？

　　也许有人会指责说，"反正也就那样。因为你原来是外企咨询顾问，才能搞这一套把戏"。但我反对这种指责。

　　但凡从事的是技能或技术在市场上有一定价值的职业，你都可以去从事自由职业。比如系统工程师、设计师、商人，抑或是医生、护士等需要国家级资格证的职业都符合这一条件。

　　另外，从事着人事、经理等综合性岗位的人，也可以通过业务代理的方式从事自由职业。

　　以我的经验为基础的方法论，基本上已经在咨询业、IT业得到了证实。而关于其他行业的自由职业，我则采集了各种文献以及同为自由职业者的人的经验，并总结了方法。

顺带一提，我在埃森哲并不是特别优秀的咨询顾问。在一年一度的人事考评中，我还得过 2 分（满分 5 分）。

但自由职业并不需要综合实力特别优秀的人才。即使整体并不优秀，如果你能握有在特定领域中拔尖的技能，也是可以从事自由职业的。本书也清楚地列明了诸如此类关于自由职业所需个人技能和特性的条件。

至今还是工薪族的朋友曾在见面的时候对我说："真羡慕你这种自由啊！"每当这种时候，我都会回答说："如果这样的话，你也可以试着从事自由职业嘛。"但他们都没有迈出第一步的勇气。如果这本书能对大家起到助推的效果，我会十分欣慰。

我决定追寻真正的自由

首先，我将以自己辞职并从事自由职业的经历现身说法，希望可以给你们提供一定的参考。

28 岁的时候，我从公司辞职了。

22 岁，我以应届生的身份加入埃森哲。此后的 6 年间，我对公司也没有什么不满。公司员工如果想要获得长期休假，只需要提前几个月申请。申请通过后，该员工即可获得两周左右的带薪假期。

2006 年，我甚至奇迹般地得到了时长为 3 个月的个性化休假，得以在现场观看德国世界杯足球赛。

在世界杯现场观赛期间，我有机会和全世界各种各样的人进行交流。这些人中有和我一样休长假的上班族，也有很多前

来享受世界杯的自由职业者。这些自由职业者是在普通的工作
生活中很难遇到的人。我常常和他们通宵畅饮，并由此对这种
自由的生活日益心生向往。

休假结束后，我又回归了充斥着激烈竞争的普通上班族
生活。

> 这样日复一日不断地工作，把工作当成全部
> 人生的日子，真的好吗？
> 这是我学生时代想象的生活吗？
> 经过一番自问自答，我得到了否定的结论。

我的辞职并不突然。在辞职前，我与同届入社的前同事聊
了聊。这位同事当时在做个人咨询顾问。他一语道破："你既
然升上了经理的职位，即使从事自由职业，工作也会纷至沓来。"
就这样，我在国外被所遇见的自由的人们触发了辞职的念头。
此后，又经过审慎的考虑，我递交了辞职申请书。

2006 年 9 月，公司为我举办了离职送别会。在录像的最后，
我留下了这样的发言：

"如果现在有人问我'何为人生的幸福？何为人生的目
的？'，我无法脱口而出。为了定义人生的要素，我辞职了。"

从那之后已经过了 11 年，我依然不能回答别人诸如"人生的目的"之类的大问题。但我确立了"半年工作，半年旅行"的生活方式，过上了享受足球和旅途等爱好的人生。我现在可以挺起胸膛地说："我是幸福的。"

◇ 体验过完全自由后明白的事

成为社会人后，你有没有过有钱又有闲，并在几个月内想做什么就做什么的自由经历呢？

我 2006 年从公司辞职后，用了几百万日元跑去加拿大温哥华上语言学校，这笔资金是我的退职金和此前攒下的存款。

在温哥华的每一天，我真的非常自由。英语学习卡壳的时候，我就去加拿大旅旅游，冬天的时候还南下去了美国的加利福尼亚州休息了一个月。当时我突然想去看看马丘比丘的遗址，故而又从温哥华出发去南美洲旅游了两星期。

总之第二天干什么都可以。我获得了完美无缺的自由。现在的我边回忆这段时光，边充实地过着每一天。

当然，形形色色的人也有不同的价值观。每个人情况不同。也许有的人会对完全自由产生不安感。有些人与我相反，喜欢生活有制约感。这些人更适合继续上班，而不适合从事自由职业。

▲ 2015 年日本女足世界杯远征时摄于洛基山麓加拿大段

也许有人现在工作也没有那么忙，一旦被给予自由反而会烦恼于不知道干什么。实际上我也是这样。在 2006 年刚辞职的时候，我还没有现在积极追求的爱好（足球和旅行）。

现在回头看，从某种意义上来说，这段经历就像前日本足球队队员中田英寿的"寻找自我之旅"一样。这可以说是我在享受自由生活的同时，摸索自己人生方向的时期。

从加拿大回国后，我开始承接咨询项目的委托。从事自由职业后第一次参与咨询项目是在 2007 年的 9 月。我顺利度过了三个月的合同期。根据委托人的情况，当时的我也不用续签合同。所以在合同结束的那一瞬，我立即在网上订了去澳大利亚的机票。我手握存了三个月的"粮草"，独自一人环游了澳大利亚一整个月。

由此我明白，结束咨询业务的合同后进入一段完美无缺的自由时间，这种循环模式正是我想要的生活方式。

试着将自己长期置于自由的环境一次，你真的会有很多发现。我自己以温哥华为据点在海外生活了一年，这期间自由地去欧洲和南美旅游，结束了项目的合同之后还"远走高飞"到澳大利亚。在这样的生活中，我重新体会到，原来旅行是那么的有趣。

2006 年，以德国世界杯为契机，我被日本足球队所吸引，由此开始每年追随日本足球队的海外远征。

2009 年，我制订了涉足世界杯各参赛国共计 32 个国家的
"世界足球环游旅行"计划，花了整整一年时间与埃森哲的后
辈一起环游了世界。

我就这样确保了集中的自由时间，过上了追求自己爱好的
生活，确定了自己"足球和旅行"的爱好。

以上即为我的例子。

从某种意义上来说，这是一个非常好的契机。它让我在
二三十岁的年纪将自己置于一个完全自由的环境中，使我了解
到了自己的想法、志向和爱好。

◇ 想象一下拥有大片的自由时间，几个月里干什么都可
以的人生，是不是很心动呢？

在这种自由的时间里，即使闭门不出，什么"正事"都不
干也没关系。如果你的爱好是看电影，你可以一直看。如果你
的爱好是写作或者画漫画，你也可以待在家里埋头创作。总之，
怎样都行。

如果你可以从组织的围城中解放出来体验一下"完全的自
由"，也许你会发现一些曾经在一周忙碌工作的生活中无法看
到的事。你的人生也许会由此完全改变。

和以前相比，上班族的"好处"减少了

首先必须声明，我没有批判朝九晚五这一生活方式的意思。日本经济被从事大型贸易的大企业支撑着，也正是因为这些企业有一定的保留预算，像我们这样的自由职业者才可以继续谋生。

但抛却宏观视角，从微观（个人层面）视角来看，上班族的优点已经逐渐不如从前。在经济高速增长时期，人们在工作上遵守着年功序列制和终身雇佣制，工作之余建立起自己的家庭，等到相应的年纪会晋升上管理层，退休后有足够的退休金和养老金，过上悠然自得的老年生活。这是上班族典型的人生模型。

然而，自1993年经济泡沫破裂以来，日本经济陷入长期停滞。这一在经济高速增长期建立的人生模型渐渐崩溃。看看

实际的数据，大家就会一目了然。以 1995 年的 GDP（国内生
产总值）为基准，截至 2015 年，各国的增长率如下表所示：

各国 GDP 增长率（以 1995 年为基准）

国家	GDP 增长率
中国	2002%
韩国	322%
美国	302%
英国	298%
日本	99%

中国以 20 倍的增长率位列第一。美、英、韩等国也齐头
并进，实现了 3 倍的增长。只有日本，反而后退到 1995 年国民
生产总值 99% 的状态。

上班族的成功模型是以持续增长为前提。而实际上，这一
模型正在崩溃。在目前经济衰退的局势下，对上班族来说，进
入管理层的难度逐渐上升。甚至，晋升管理层已经成了一个基
本不可能达成的目标。

旅行网站亿客行 2016 年发布的《国际带薪休假大调查》
显示，在 28 个被调查的国家中，日本的带薪休假获得率以 50%
居世界最末位。往前追溯会发现，在近 9 年的调查结果中，日
本一直处于世界最低水平。

如你所想，薪酬并没有增长，休假又无法取得。你真的满

足于这样的上班族生活吗？

◇ 沿着这条老路走下去真的没有问题吗？

2008 年次贷危机以及诸如"3·11"日本大地震等大规模自然灾害渐次发生。现在的时代是一个前途莫测的时代。

随着索尼、东芝、夏普等日本引以为豪的企业业绩逐渐下滑，这些以前在求职活动中人气名列前茅的企业已失去了往日的荣光。

有的人想乘上名曰大企业的"大船"，殊不知这些大船常常会在不经意间悄然沉没。

即使大船没有沉没，这些人也会遭遇"没有燃料了，给我下船"以及企业重组裁员的情况。

上班族的过劳死也成了一大问题。2015 年电通新职员自杀的惨痛案例就是如此，这成了日本人反思工作方式的契机。

有的人想成为上班族是为了安定这一好处，然而这些人常常会在被企业利用过后舍弃。在现在这种形势下，我认为上班族的好处确实正在变少。

时代进程正在加速，世界正在变得扁平化。在美国四大企业谷歌(Google)、苹果(Apple)、脸书(Facebook)、亚马逊(Amazon)

的推动下，市场的全球化日益席卷全球。日本企业将会进一步陷入穷途末路。

人工智能（AI）、机器人等的开发正在急速发展，重复性工作被淘汰的时代终将到来。而大家都知道，日本正在进入人口老龄化的时代，社会保障制度也到了崩溃的边缘。

在当今这种环境急速变化的时代，顺着几十年前铺好的老路前进的行为不正是风险所在吗？

我个人已从事了17年企业管理咨询的工作，这期间也从"内部"观察了几十家在东京证券交易所主板上市的大企业。诚然，这些企业有非常多优秀的员工。但寄生于大企业的招牌，完全不能用的废材自然也不少。

有的管理层手中握有过多的权力，对自己的能力盲目自信，却不能产出与自己的职位相当的附加价值；有的普通职员在没有上司指令的时候就躲在靠窗的桌子上一味地上网。凡此种种。

我认为，安定使人懈怠。有人说，一个人一旦丧失了成长的动力，出来创业后畏惧困难，会使这种不思进取的想法更加强烈。

盘腿坐在安定工作之上的上班族们终将在某一天成为被裁员的对象，被"裸"着流放到自由的劳动市场。这些人找不到下家，也没有突出的技能能创业，很容易进入人生阻塞的阶段。

以前，世人认为："上班族低风险低收益，自由职业高风险高收益。"而在现在这种无法保障安定的时期，继续上班难道不已经渐渐变成了一件"高风险低收入"的事吗？

这样的话，我认为只有从事自由职业，早点在劳动市场上取胜，提高自身的市场价值，才能获得真正的安定。掌握不依靠别人的生存技能，才是激变时代中的生存之道。

企业的雇佣形态亦在发生变化

近年来，企业方的雇佣形态亦在发生变化。如若正式员工的数量和业务量能取得平衡，那自然没有什么问题。而在企业基于某种原因面临短期内业务过多的情况下，越来越多的企业选择短期雇用自由职业者，而非招募新的正式员工。这已经到了让政府对自由职业制度进行实况调查的程度。

企业雇用自由职业者的优点在于"可以短期雇用"。因为正式员工一旦被雇用，如果没有特定的原因是不能解雇的。在这种情况下，如欲暂时补充人手，雇用自由职业者自然是合乎逻辑的选择。

企业也可以选择利用人才派遣公司。这些非正式员工大多被用于辅助一般事务。至于更为专业的事务，还是交给专业型人才更为适合。

业务量较正式员工数量短期上升的状态有下列两种情况。

◇ 业务量没有发生变化，但因正式员工休育儿假、病假等原因，一时间人手不够

日本因劳动法改革的缘故，休育儿假、病假的员工逐渐增加。2017 年 10 月，日本修改《育儿假、病假休假法》，试图重整制度，让更多的公司职员可以获得长假。在正式员工可以获得跨越几个月甚至数年休假的情况下，企业为了填补这一空白，自然可以利用自由职业人才。

◇ 正式员工数量没有发生变化，但业务量短期增加

比如校招时节，很多企业人力资源部的业务大幅增加。这时，很多企业选择短期雇用人力资源人才，对人力资源部进行支持，使业务顺利进行下去。

精准雇用自由职业者的行为并不仅限于业务代理。诸如在开展创新业务、改善旧业务等情形下，也有很多企业选择精准雇用自由职业者。

比如在咨询业界，大型咨询公司具有金字塔形的组织架构，其中包括了合伙人、经理、咨询顾问、分析员等职位。故而，这些大型咨询公司常常会在接受委托时进行打包出售。

如委托方进行的是一个大规模的项目，这自然没有什么问

题。但在委托方需要精准帮助的案例中，越来越多的委托方舍
弃大型咨询公司，转而选择依靠独立咨询顾问零售的代理业务，
单独雇用个人咨询顾问。

不夸张地说，自由职业者简直就是在企业的这种人才需求
的夹缝中生存着。

即使没有"超高觉悟"，也可以从事自由职业

在创业指导书中，常常有"在建立蓝图、认真制作好事业计划书后，你才能去创业"的语句。抛开前述"大事业型的创业"不提，如果你想要的只是从事自由职业，那么你并不需要这样周密的准备。

诚然，如果要创立需要雇用很多员工的企业，你需要让员工完全往同一个方向前进。在这种情况下，你确实需要建立诸如社会贡献意识强的企业蓝图。但你如若是仅想着自己创业，则不需要这些。

当然，你若有"为了世界，为了世人"的崇高理想也不错。但我认为，为了满足自由这一人类极致需求而辞职的行为也没有什么问题。

实际上，我就是这样辞职的。

◇ 自我价值的实现也可以在通过创业获得的自由时间里达成，创业赚钱的理由也可以是人类非常单纯的"生存需要"

除却冒风险借钱的创业外，即使创业失败，你也多少可以纠正自己的人生轨迹。最近由于持续的人口老龄化，劳动力不足的局面日趋严峻，人才市场十分活跃。

根据大型人才中介公司 DODA 提供的《人才市场预测》，从 2017 年的上半年到下半年，人才需求呈上升态势，简直就是"卖方市场"。

从事人才中介的朋友也认为："10 年前左右，日本还有'工作空窗期'的说法。然而由于现在的日本已经承认了工作方式的多样性，故而这种说法也就不成立了。每个人的工作经验和能力各不相同。对于空窗期的合理解释是，以前人才市场中的不利因素渐渐消失了。"

虽说如此，人无论在哪个行业，都不能胡乱辞职。如果自己所处的行业有"买方市场"的倾向，那你就需要考虑最适合的创业时机。我建议你时常关注自己所处行业的人才需求倾向。

靠"实业"创业，而非"虚业"

还记得 2012 年流行的游牧式生活吗？

自 TBS 电视台的系列节目《情热大陆》介绍了游牧式生活以后，无论是网络媒体、周刊杂志的特稿，还是深夜谈话类节目，都频繁提到游牧这一说法。与游牧式生活有关的书籍也渐次出版。

游牧在英语里为"游牧民"之意，现在扩展为"在所属组织和工作场所得不到的自由工作方式、生活方式"，另有"在星巴克一脸得意地敲击着苹果电脑工作的人"之意。

最终游牧式生活的热潮不到一年就面临衰退，被"高意识

系 ①"这种流行语取代，游牧式生活成了被揶揄的对象。

　　游牧式生活虽然得到了大众传媒的赞赏，最终却如昙花一现般地被消费，进而废止。对此，我并不会觉得遗憾。之所以不遗憾，是因为我正是当事人。在 2006 年辞去工作以后，我一直践行着这种"在所属组织和工作场所得不到的自由工作方式、生活方式"。我并不是跟风，在热潮退去后，我也十年如一日地贯彻着同样的生活方式。

　　在游牧式生活成为热潮的时候，那些在网上自曝自己过着游牧生活的人确实恶臭。从那之后已经过了 7 年，很多不理睬大众传媒的人也从表面上消失了。

　　如果看看那些当时自称自己过着游牧式生活的人，你会发现自己完全不知道他们做的是什么工作，怎么赚钱。比起本质的内容来说，他们更看重外部的形态。我认为这也是典型的恶臭行为。

　　基本在同一时期，"IT 新贵"这一词语也在电视里出现，利用网站联盟等"虚业"赚钱的人也被一部分媒体提及。

　　现在，"IT 新贵"们的活动销声匿迹。果然，没有内容的

---

① 高意识系：日本流行语，指那些说话的时候经常用一些难懂的商务用语，以此让自己显得很厉害的样子的人，他们看起来思想意识超前，但只是在模仿真正拥有超前意识的人而已。

商业模式是无法长久的。

在此之后，网上的职业博主和 YouTuber 的头衔开始被大众熟知。

诸如职业博主和 YouTuber 等职业本该有传达内容的价值。然而他们只是表现了自己输出的媒介。

你可以理解为，不知道有谁雇了一帮人。这帮人通过博客、YouTube 输出固有内容，从而获得报酬，比如厨艺老师、瑜伽指导等。他们的本职工作就是在博客上公开相应的方法论，这非常容易理解。那些在 YouTube 上连续发布有趣段子的人，从某种意义上来说是从事着搞笑艺人的工作。

然而，有的职业博主只会去空谈自由的生活方式，批判上班族。这些博主只是在聚集信徒，并从信徒那里获得布施。

另有的人不从事上述"虚业"，保有获得企业评价的武器，脚踏实地地从事"实业"，这些人才是真的能够获得真正成功的人。你不能为了耍酷而选择这种生活方式，首先要认真地掌握与内容相关的技能，这是创业的绝对条件。

单飞的好处在于"抽成"的差价

通过从事自由职业，你可以只用半年去工作，而用剩下的半年去游戏生活。

欲解说如何实现这种如梦一般的生活方式，我们无法避开与金钱相关的话题。下面简单说明一下上班族和自由职业者的收入构造策略。

一般来说，公司职员每月可以收到固定的工资，而自由职业者如若没有一份长期的工作合同，则没有固定收入。但是，与公司职员的月收入相比，自由职业者每月的单价要高很多。就咨询行业而言，我做自由职业到手的报酬大概是还是公司职员时候的两倍。

下面用具体的例子来说明。

028

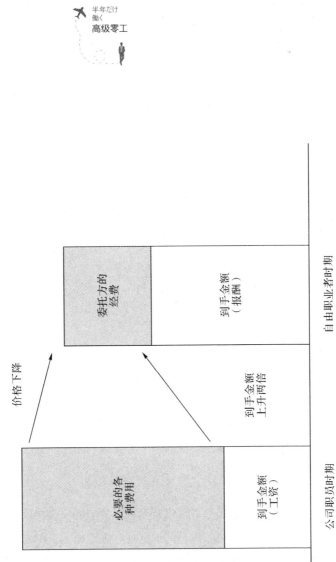

咨询行业一般的价格构造如上图所示。

客单价（一名咨询顾问每个月向委托方收取的金额）的内容除了咨询顾问自己的薪水以外，还包括诸如人才培养经费、总务和经理等管理部门的人工费、项目运营费用等各种成本。

与此相对，除却类似中介手续费的委托方项目抽成，自由职业者自己可以到手的报酬确实较公司职员时期增加了。有的咨询顾问到手的金额甚至是原来的三倍。

此外，就向委托方收取的客单价而言，个人咨询顾问的要价要比大型咨询公司的咨询顾问的低很多。

也就是说，委托方可以付更少的咨询费用，被雇用的咨询顾问可以获得更多的报酬，彼此达到了双赢。如果只考虑金钱的话，可以说自由职业的好处即浓缩于此。

这种有关收入构造的分析并不局限于咨询行业。虽然金额和分成有一定的差异，但几乎所有"贩卖人的技能和知识"的商业模型其构造都差不多。

基于人口老龄化，我们可以认为，今后劳动力数量呈下降的态势。基于知识产业的劳动力市场可以说是处于"卖方市场"。

被当成"社畜"饲养，任企业榨取价值，是一件多么可惜的事。人应该通过从事自由职业控制自己的单价，极力降低被收取的抽成，得到正当的报酬。

我在咨询业一线遇到过很多优秀的人。站在自由职业者的立场，我常常感到奇怪："这个人的配置明明就可以自己创业，为什么他还要做公司职员，继续被公司压榨呢？"

很多人在买高价的电子产品时，都会为了便宜一点，跑到价格比较网站上纠结一下商品的价格。那么，这种对于金钱的欲望同样可以适用于自己的薪水。

◇ **有很多上班族着力于提升自己的职业技能，但他们实际上缺少的是"提升单价"的眼界**

很多人长期在同一家公司工作，因被压价而导致自己无法获得正当的报酬。这些人如果进入自由市场创业，很有可能得到更高的"价格"。我推荐你们停下来，试着看看自己所属行业自由职业者的"价格"，或许会有很多新的发现。

剑指"浮游阶层",而非"富裕阶层"

普通人的逻辑是,如果可以加倍工作,就可以得到加倍的收入。但在我这里,事情并不是这样。

我好不容易递交了辞呈,过上了自己选工作的生活。因为我积极地规划休假,我得以享受自己喜爱的"足球和旅游",在世界各地飞来飞去。

我设定每月能获得双倍酬劳,一年中只用半年来工作(总劳动时长也减半)。由此,我不仅获得了和上班时一样的报酬,还得到了半年的自由时间。

半年だけ
働く
高级零工

时间
（一年）

工作

可以说，为了工作而活着
工作＝目的

单价
（月收入）

生活方式（公司职员时期）

生活方式（自由职业者时期）

◇ "工作长方形"的面积即年收入。而为了获得自由时间，我的设定是，在面积相等的情况下，将横着的长方形"立起来"

我在维持原有劳动时间的同时将时薪翻倍，并不是为了让年收入也翻倍，而是为了在时薪增加后减少一半劳动时间，来享受自由。换句话说，我想要当的是"浮游阶层"，而非"富裕阶层"。

有的人也许会因没有在可以赚钱的时候赚钱而感到不安。但重要的是要有敢于休息的勇气。人如果在休息的时候有休息到底的勇气，那么接下来开始工作的时候，不管愿不愿意，都会对工作充满动力。

另外，人如果在计划中加入旅行等活动，工作时就会想着再怎么样都要完成工作。由此，人的注意力更为集中，工作的参与度也会更高。

也有人想着，在退休后去干自己喜欢的事。这适合那些身心在年轻的时候享受过自由的人。上了年纪以后，肉体和精神都渐渐衰弱。当那些现在年富力强的人变成老人的时候，人类的平均寿命与现在相比也相应地延长。故而，退休时间被提前延长的可能性很高。如果要讴歌人生，就不要着急翻过一座座山、踏上更高的台阶。正如信用卡广告上说的"有金钱买不了的价值"那样，我认为年轻的时候在工作之余拥有大量的自由时间，体现的正是这种价值。

用"擅长的事"而非"喜欢的事"挣钱

那么，创业从事怎样的工作比较好呢？

大型书店的商业书区有很多类似"将喜欢的事变成工作"的书。我读了很多，发现内容大多都轻描淡写地认为"因为我（著作者）优秀，所以我可以"。不得不说，这些成功的经历很难被复制。

比如，很多女性喜欢杰尼斯偶像，很多男性喜欢女团偶像。那么，将偶像作为赚钱的事业如何？虽然有每日在博客更新追星生活、收取广告费的模式，但以这种模式为生需要一定的点击量。如果要自己发掘明星并签约，设立娱乐公司，你得有娱乐圈的门路，并知道怎么运营娱乐公司，具有一定的商业嗅觉。

还有很多人喜欢音乐或者漫画。你如果要用这些兴趣来工作，可以去当创作者。但你如果没有音乐家或漫画家的天赋，就很难做到，在这个世界上成功的概率一般非常低。

我个人一直热衷于自己最爱的"足球和旅游"事业，10年来通过发布情报赚取稿费和媒体出场费，但这些报酬对于生存来说杯水车薪。

喜欢看球赛的人仅靠观赛就财源滚滚的怪谈也并不是没有，但"用兴趣赚钱"对一般人来说还是很困难的。这是我个人10年来挑战用"足球和旅行"赚钱一事后得到的结论。

◇ **对和我们一样的普通人来说，用"擅长的事"而非"喜欢的事"挣钱，这种模式才是最容易复制、难度最低的创业方法**

具体到我个人，因为自己是理科生，习惯于用逻辑去思考问题，喜欢近乎神经质地对事物进行详细的验证。这种形式是我擅长的方式。而这简直就是在咨询行业工作的必备技能。选择适合自己性格和能力的职业并专精于该领域是非常重要的。是否喜欢这份工作是一种以自我为中心的思考方式，而是否适合这份工作则是以提供价值的对象为中心的思考方式。买卖本就应该以对方为中心。

谁都不能保证个人的好恶一生都不会改变。所以，那些无关好恶、由遗传和环境决定的独一无二的性格和资质，反倒更加靠得住，不是吗？

　　我想，上班多年的人知道自己擅长什么。你可以把擅长的事当作武器拿去创业。

　　我也并不是不让你用"喜欢的事"去赚钱。你如果想独立之后获得更多自由的时间，那么，一开始在自己喜欢的领域创业，赚取一点零花钱就万事大吉的这种"轻盈利"心态确实也是可以的。这个方法论的相关内容将会在第五章介绍。

在上班族的"延长线"上从事自由职业

那么，有什么方法可以靠"擅长的事"而非"喜欢的事"创业呢？

如果以经营三要素"人""物""钱"作为框架进行考虑，人的要素还可分为"自己"和"别人"，由此可以划分出四种创业方法。

上班族自不用说，靠的是自己（人）赚钱的模式，即按劳动的单价每月收取一定的报酬。本书所提倡的是，在上班族的"延长线"上创业提升单价的方法。你也可以选择其他三种创业方式，只是难度较高。

为什么在上班族的"延长线"上创业是获得无风险自由的最佳方式呢？我们通过对四种创业方法进行解说来加以验证。

四种创业方法

创业方法	赚钱方法	难度	具体事例
创业建立组织架构	通过别人（人）赚钱	高	·开饭店 ·做电商
成为创作者	通过作品（物）赚钱	高	·艺术家 ·作家
不劳动即可获得收入	通过资本（钱）赚钱	高	·投资人
在上班族的"延长线"上创业	通过自己（人）赚钱	低	在本书中具体说明

◇ 创业建立组织架构

这种模式要求在仔细考虑盈利模式后，通过获得风险投资、向银行借贷等融资方式，建立起新的商业模型。

如若成功，回报很高。如果企业能够上市或者被收购，你可以走上人生"巅峰"。如若创业失败，你则需要背负身无分文乃至欠债的风险。因为构建盈利模式需要很大的成本。

顺带一提，根据日本 2017 年《中小企业白皮书》，2009—2014 年间创立的企业为 66 万家，但破产的企业则为 113 万家，几乎是初创企业的两倍。

兴办企业并使业务可持续是一件难度很高的事，不适用于本书所提倡的"为了获得自由"的创业。探索建起财源滚滚来的安定组织架构一事也许会带来某种程度的自由。但人如果要成功探索出一种财源滚滚来的安定组织架构，则需要有拼死工作的觉悟。而且，自己一个人创业无法构筑起大型组织架构。大型组织架构的构筑需要雇用员工、寻找合伙人。给员工薪水是一件很有压力的事。由此可以看出这种模式离自由的生活很远。

◇ 成为创作者

这种模式是靠自己创作的作品赚钱。作曲家、艺术家、小说家、漫画家、摄影师等都在此列。虽然也有被雇用的创作者，但可以说大多数人都是独立创作的。靠供稿获得相应稿酬的作家也属于这一类。

如前所述，我认为，对于一般的上班族来说，这是一种难度很高的创业方法。虽然如果自己的作品大受欢迎，你可以获得远超于上班族的收入，但世间的事并没有这么理想。

举个例子，作家确实可以在作品大卖后过上如梦一般的版税生活。但一年能卖出 10 万本的作品只有大概 300 部。而每年出版的书却有 8 万本。作品大卖的概率只有 0.4%。纸质书的版税在 10% 左右。若发行价为 1000 日元的书卖出 10 万本，则作家可以得到 1000 万日元的版税。只有连续发表大卖作品的著名作家才能过上"如梦一般的版税生活"。

创作者需要有艺术嗅觉、超出常人的才能，以及使自己的作品广为人知的营销能力。由此看出，成为创作者的难度很大。

◇ **不劳动即可获得收入**

这种模式靠的是股票和不动产。可以说，这是一种钱生钱的模式。金融业从事资产管理的人可能通过这一"擅长的事"创业，但也需要手中有几千万日元的资金。这对普通的上班族来说是天文数字，而借钱则需要冒风险，故而本书的创业方法不包括此项。

◇ 在上班族的"延长线"上创业

这才是本书推荐的创业模式。这种模式没有风险,你也有通过它实现创业的可能。它既不需要租用场地,又不需要考虑新的商业模型,所需的只有一台笔记本电脑。它不需要初期投资,可以轻装上阵。因为没有初期投资,你即使创业后不顺利,也可以轻松地调整自己。

在美国,自由职业者占劳动人口的35%,规模达5500万人。而在日本,根据众包大型企业Lancers估计,包括从事副业在内,2017年,广义上从事自由职业的人口为1122万人,占劳动人口的17%。

现在对于自由职业这种工作方式的认知度还说不上很高。但正因为如此,可以说自由职业是竞争较小的蓝海。这种模式和其他三种比起来难度显著降低。何不挑战一下呢?

凭借市场价值高的职业创业

那么，哪些职业是在"上班族的'延长线'上创业"的职业呢？

最适合的莫过于知识技能附加值高的职业。比如，被称为"知识产业"的职业。诸如咨询行业的咨询顾问，IT 行业的系统工程师、IT 专家、编写手机应用或网络游戏的程序员等。这些职业从很久以前开始就聚集了很多自由职业者。

不管哪个企业都需要将自己的业务效率化、自动化、IT 化。对这些领域具有洞见的专家自然广受人才市场的欢迎。

除了这些职业以外，在某行业主要从事经营战略部署的人才以及广告业的营销人员等，因为从事的工作与咨询顾问类似，在新事业建立和新商品开发等项目中也具有很大的市场。

这些职业的共同点在于，靠"解决专业问题"获得等价报酬。无论是哪个企业，如果可以在企业内部自行解决问题，就不会向外部求援。然而，在很多案例里，企业内部并没有适合新项目的人才。这种情况下，企业就需要向外部的专家借力。

　　导入系统使业务效率化，草拟开拓新业务的商业计划，等等，只要是能为业务产生新的附加值的手段，其单价自然会变高。在粗略目标中，每月的报酬可以上涨到上班族到手月薪的两倍（这个数字说到底只是个目标，根据你的专长上下波动）。

　　除了这些知识产业以外，还有那些有自由职业者需求的职业。

　　店员和一般的事务专员等职业很难进行创业。而最近，随着自由职业者的范围逐渐扩大，运营岗位以及宣传专员、人力资源专员、经理等综合性岗位的需求也不断增长。从事这些职业的人如前所述，一般在正式员工短期不足或者特定时期业务量增加的时候，作为外援被雇用。

　　所谓"业务外包"的月单价有被压价的趋势。如果考虑到行业趋势，这些人可以以获得上班族时期1.5倍的月薪为目标。

　　还有一些"某某士""某某师"出来创业的案例。比如，医疗行业就是很好的成为自由职业者的土壤。医师自己开医院需要相应的觉悟，但成为自由职业医生的难度非常低。

在"上班族的'延长线'上创业"的职业

分类		职业种类	工作内容	月单价
专业岗位	知识产业	咨询顾问、IT专家	可以作为"解决问题的专家"短期加入项目	上班族时期的2倍
		策划专员、市场营销专员		
	其他技术岗位	企业的特别技术人员	很难成为自由职业者创业	—
		医师、护士等		
所有综合岗位		运营专员、人力资源专员、经理、法务专员、总务人员、财务专员等	可以在人员不足的企业中代为运行业务	上班族时期的1.5倍
一般岗位（未来有被AI取代风险的岗位）		销售专员、事务专员等	很难成为自由职业者创业	—

律师、司法代书人、注册会计师、税务师等需要国家资格的行业本来就适合自己开事务所（在四种创业手段中属于创业建立组织架构的形态），故而本书并不涉及。

　　企业的特别技术人员，比如负责开发自己公司产品的技术人员、研究者等，并不是自由职业的需求对象。因为企业核心商品的制造过程一般不会交给自由职业者。

　　虽说如此，但也渐渐有一些大企业开始将自己的技术开发外包给风险企业。随着今后涉及领域的扩大，利用自由职业者的空间也并不是没有。

　　两倍的单价使"半年工作，半年旅行"的生活方式成了可能。在 1.5 倍的单价的情况下，你需要将比例调整为"8 个月工作，4 个月自由"。虽说如此，单价还是较上班时有所上涨，你也变得可以进行一些短期工作。故而，你更容易因此获得长假。

首先当个上班族夯实"基础"

熟悉一项事物，有一个"一万小时法则"。

简单说明一下。这个法则说的是，如果花上一万个小时，谁都可以摸索进某个专业领域。

譬如，假定一个上班族每天工作 8 个小时，每月工作 20 个工作日，你可以算出他大约花 5 年成为专家。如果算上加班时间，那么他最短花 3 年成为专家。

古谚有云："即使再冷的石头，坐上 3 年也会热起来。"它形容得十分精妙。可以说，这是从古谚诞生以来一直通行于世的真理。

◆ **根据"一万小时法则",最快成为特定领域专家的方法就是去上班。**

花一万个小时自学简直就是不可能的事。加入大型组织才能享受的恩惠在于,可以边拿工资边接受新员工培训,一步一步进阶成专家。

如果你是个学生,请你将可以学到创业技能的行业作为自己的志愿。已经成为上班族的人士,请你展望一下自己的职业是否适合创业。如若不适合创业,你首先得换个职业。因为突然在不熟悉的行业创业的风险太高了。

毕竟现在几乎没有企业会想着让全体新员工一直为自己工作到退休。我以前作为应届生加入了埃森哲,内定仪式上,公司代表人在祝词打招呼的时候说道:"请大家考虑一下公司的辞职方案。"我并不认为这是能对尚未进入公司的学生说的话。但我还记得,这句话让当时还是学生的我感受到,埃森哲处于外企文化之中,从以前开始就不实行终身雇佣制。

这并不仅限于外企。

根据独立行政法人劳动政策研究·研修机构发布的《2017国际劳动比较数据书》,就日本连续在工作同一家公司的年数而言,不满10年的占55%,而在同一家公司工作10年以上的比率则连半数都不到。

虽说如此，蹭企业教育制度而不回报就辞职的做法称不上是上策。你必须通过工作成果对培养你的企业进行回报。因为，你即使没能拿出与教育成本相当的成果就辞职，也很难作为专家继续活跃，且对于培养自己的企业有恩将仇报的嫌疑。如果你不能圆满辞职，和以前所在公司的同事关系一团乱麻，那么创业后的工作就有受到干扰的风险。

如果你被公司承认为独当一面的人才，在某种程度上也为企业做出过贡献，那么你可以圆满辞职的可能性很高。

在企业工作一事从学习社会常识的视角来看也非常重要。创业后，你从企业获得的工作会越来越多。组织里的人工作时自有他们的逻辑和规则。知道这些逻辑和规则，是自由职业者在工作上比较重要的点。

有的人没有上过班就直接创业。我认为他们创业的成功率会显著下降。当然有的人在学生时代就已经进行过创业，通过打工和实习习惯了商业一线，这些人另当别论。其他人只有首先进入公司修行，才能提高自己创业的成功率。

◇ **能被上司挽留才能独当一面**

那么，夯实基础到什么程度才可以创业呢？

倘若是在 IT 行业或者咨询行业等知识产业，你需要有"已经获得在本领域独当一面的技能"的自信。这是强化过的"专家"。

譬如,你强化了 AI、大数据等最前端技术。那么作为自由职业者,你可以毫无烦恼地靠此过活很多年。无论是什么行业,从属于企业系统部的人员都可以选择通过这一安排加强特定的技术,成为 IT 专家进行创业。

业务外包的模式下,如果你在人力资源、经理、财务、运营等综合岗位中担任领导的角色,有完整的案例或项目的执行经验,那你就可以创业。一些特殊业务非常重视统筹全局的能力。

虽然没有明确的标准,但"试着和上司暗示自己要辞职,看看对方的反应"也是一种达成目标的手段。

如果上司的反应是"辞职了也没什么要紧",那就说明你在这个公司中还没有成为中坚力量。在这种情况下,你需要为了自己,继续留在公司积累经验。只有在对方说出"不要辞职"来进行挽留的时候,你才可以辞职。此即证明了你是可以独当一面的专家。

本科毕业工作 3 年后,于 25 岁独立是最快的路线吗?也许有人会不安,认为"三四十岁创业也许迟了"。但没有什么比现在更早的起点。

　　并且，随着人口的长寿化，人可以活到 100 岁。三四十岁
的人需要基于这个前提重新规划人生。三四十岁还很年轻。择
日不如撞日。

02 ——只工作半年的生活方式

半年だけ働く

只工作半年，现实的金钱话题

说是"半年工作，半年旅行"的生活方式，我想有人完全不知道在实操中怎么周转现金流。在此我将分享自己 10 年来的存款变化。

如你所见，我的风格是一口气赚钱，再一口气花掉。进行咨询项目时，我基本每周 5 天，朝九晚六，全负荷地进行工作，并以 2～3 个月作为合同的更新周期。若项目合同履行完毕，我可以凭此得到几百万日元的"粮草"，以供周游世界。等钱用完的时候，我会回国继续找工作。

我将这种生活方式自嘲为"季节劳动者"。

半年だけ
働く
高级零工

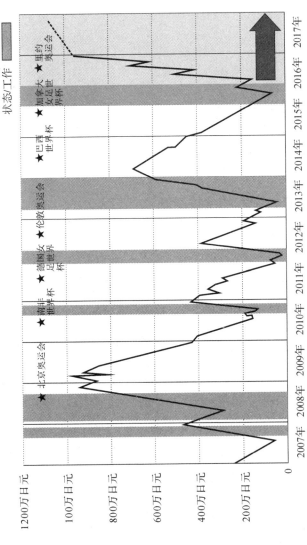

状态/工作

笔者近10年的存款变化（方框部分：①世界足球环游旅行。②表格最上方由左往右依次为：北京奥运会，南非世界杯，德国女足世界杯，伦敦奥运会，巴西世界杯，加拿大女足世界杯，里约奥运会。③箭头部分：从2016年4月份开始，用60%的时间工作）

◇ 自己的"单价控制"是核心

也许有人会说，"赚钱的时候，存款上升的斜率也太大了吧"。恕我直言，我预先设定到手咨询费的底线是"时薪一万日元"（向委托人收取的价格较此小幅增加）。

当然，也有一些收费更高的独立咨询顾问，而我在创业后的 10 年里一直贯彻着这条收费底线。

虽然在这 10 年里，我的咨询技能得到了提高，我也因此可以选择更高的收费策略，但我没有这么做。相反地，这几年，由于技能的提高、工作效率的提升，我在规定时间里完成了项目职责，且基本不怎么加班。

自由职业者中不乏一些人，他们被客户砍价，在老是加班的严酷工作环境中工作。为了不成为这种"失败的自由职业者"，你也应该实行自己的"单价控制"政策。不接受费用不好的项目，这一觉悟非常重要。

虽说如此，但你如果一直秉承着严格的标准取舍项目，也有一直得不到工作的风险。

我自己在面试的时候拒绝过几个不符合条件的项目。此后，存款一度下降到警戒线附近。存款金额的变化折线图中那些擦着底部的时期就符合这种"危机"情形。

我虽在这几次危机后接到了项目，化解了危机。但我想，根据时间和情况的不同，有必要妥协。你需要在遵守"单价控制"的同时，拥有不使自己陷入负债生活的"灵活性"。

◇　面向事件一口气赚钱

我曾有缘于 2008 年前往中国上海参与一个项目。这对于想在现场观看奥运会的我来说，恰逢其时。

由于委托人来自日企，那个项目虽然工作场所在上海，但工作语言却是日语。每个月的报酬也是按照日本的薪酬标准发放的。与之相对，每日开支遵循的是中国当地的物价（比如在当地餐馆就餐，一碗炒饭大概要花 150 日元）。故而待在中国的这段时间，我存了不少钱。

外包系统开发业务给低物价的国家，以此来节约成本的方式在 IT 行业被称为"离岸开发"。而类似在高物价的国家（日本）的价格签订咨询合同，在低物价的国家（中国）进行项目的方式算是一种"反向离岸"。你可以通过这种方式一口气增加收入。当然，这并不是谁都能干得了的，但你可以以此作为参考。

在中国工作生活的这段时间里，我构想了面向南亚世界杯、花一年走遍 32 个参赛国的"世界足球环游旅行"计划。这是一个赌上人生的计划。我估计了一下该计划的预算，粗略算来，该计划需要 600 万日元。由此，我决定"反向离岸"，待在中国，以提高收益，一口气存到这笔钱。结果，我的存款在 2009 年达到了一千万日元。

2014 年，巴西举办世界杯。我当时虽然没有类似于"世界足球环游旅行"的计划，但也在世界杯开幕的半年前就去了巴西，并出版了电子书《前往巴西世界杯的方法》，还运营了一个拥有不错流量的在线社区。我需要在 2014 年的第一天开始就拥有"经济自由"和"时间自由"，以进行上述活动。故而反推下来，我决定在 2013 年于东京都内花 9 个月的时间来进行咨询项目的工作。

像这样，我常常将一口气赚得的粮草用于旅行，用完粮草后继续回国寻找工作。在 2016 年以前，以四年一度的"世纪祭典"世界杯作为里程碑，我的生活一直处于这样的循环之中。

◇ "半年工作，半年旅行"的最终形态

这种生活方式的短处在于，每到世界杯或者奥运会，我都得从项目中解脱出来。

在项目面试中，我每次都会提示对方："即使项目方要延长合同到期时间，最长也不能超过来年的世界杯。"因为这个理由，我也遭遇过面试失败的情况。

自由职业者又一次履行完合同后，会再次从零开始寻找下一个项目。而寻找项目的这段时间是没有固定收入的。这可以说是一大缺点。

我思考了一下，我们很难从项目中脱身一个月，跑去世界杯或者奥运会进行现场观赛，再回到同一个项目中去。

我现在正在进行一个委托人直接委托过来的项目。最初，我为工作尽了全力。后来，由于业务量的增加，委托人同意我让埃森哲时期的后辈作为外援来帮忙。最终，后辈得到了来自委托人的收入，项目也在两个人的努力下游刃有余。几个月后，因度过了项目的繁忙期，我需要裁减咨询顾问。然而这时，我并没有这么做，而是提出了另一种模式：我和后辈各自尽 60%的力气，以两个人总计 120% 的工作效率来进行项目。

后辈在从事独立咨询顾问工作的同时，创立了一家摄影社。我告诉他，如果以两个人总计 100% 的工作效率工作，我们会无法维持经营。为了客户的满意度，他也同意了这种两个人每人各尽 60% 力气的模式。

由此，我得以有完整的 3 周时间，去看 2016 年 8 月召开的里约奥运会。我不在的时候，后辈全力支撑着项目。我回国后，则代替后辈继续开展业务。而此时后辈则花两周时间去国外旅游。通过这种形式，我们每 3 个月有一次长假，并以这种步调在工作上相互协作。

而合同本身只要求，在 3 个月中，整体能出 60% 的力。由此，我得以一周全力工作 5 天，一周整周去国外休假，另一周从周五休息到周一，回北海道度过 4 天 3 夜，去现场观战日本足球联赛。

这个项目已经持续进行了两年。我们也和委托人建立了良好的关系。

得益于这种履行合同的方式，我得以在 2017 年的 3 月、5 月、6 月、9 月、11 月分别取得一到两周的休假时间，去应援日本足球代表队的海外比赛。每周日本足球联赛的观赛亦是如此。我喜欢的俱乐部在北海道札幌冈萨多进行了 34 场联盟赛，我得以现场观战了其中的 30 场。

正如之前在存款变化表格中所示的那样，由于这两年来项目的合同都没有结束，就算如此穿梭在日本本土和世界，我的存款还是在上升。由此，我进入了一个良性循环。

上述内容展示了我"每周 3 天工作，4 天旅行"的生活。这个 3 ∶ 4 的比例在 3 个月的时间中可以自由调节。而这种自由调节的状态可以说正是我所标榜的"半年工作，半年旅行"的最终形态。

在本书的开头，我写道，如果你对现状不满，你可以实施相应的行动来改善目前的局面。我的目标是同时达到"经济自由"

和"时间自由"。通过日常的行动，我也确实做到了。自由职业者自由的上限是极度的自由。希望我的自由职业生涯能够给你提供一定的参考。

运营交给代理机构，而非自己

也许有很多人会有下列不安："我已经明白了如何在一年里用两倍单价只工作半年,但究竟怎样才能获得这样的工作呢?我没有带来工作的人脉……"在自由职业者面前,"获得工作的方法"是最令人不安的所在。

◇ **使用代理人**

当今时代,你没有人脉也没有多大问题。现代社会工作方式多样。有很多连接自由职业者和企业的代理机构。

这里的"代理人"指的是代替自己签订工作合同的人。正如体育界有履行运动员转会合同的代理人,商业世界里也有很多这样的代理人存在。

代理人的抽成为平均两到三成。普通公司职员的到手工资和委托人的价格之间也存在差价。与这一相比，代理人的抽成简直就是良心价。

不同行业的代理人会在第三章进行介绍，你可以在谷歌上搜索关键词"自己的职业名称＋自由职业者"找到一些中介。最近，像这样的自由职业雇用机会很多。

使用代理人的好处在于，代理人可以统筹调配咨询顾问或工程师，以满足需要人才的企业的需求。

最近企业方的招聘方式也日趋变化。原本雇用正式员工的形式正被逐渐取代。企业转向短期雇用专业的自由职业者，以应对项目短期繁忙的人才需求。如果人手不够，企业会通过跨度为几个月的合同来补充劳动力。如果人手过剩，企业则可以选择不再续签外部人才。虽然外部人才的单价高，但从长远来看，雇用外部人才对企业来说其实是一种风险较低的人才统筹方式。

◈　**通过众包获得工作**

最近出现的众包指的是在网上面向不特定的大多数进行委托的新型服务。日本比较有名的众包网站有 Lancers、CrowdWorks 等。一般采用众包方式的是那些单价低的案例，它并不适合半年工作，半年休息的生活方式。

单价高的案例一般通过直接的面试决定录用，故而，这里集中了很多值得信赖的代理人，他们并不面向线上的众包方式。比起承接很多小案例的做法，承接大企业高单价的案例并花几个月来完成的做法更为高效。

◇　**使用人脉**

有人脉的人可以不使用代理人，而通过熟人直接获得工作。这也是一种途径。这种情况下，因为收入没有被抽成，所以收到的报酬较高。

我不进行咨询项目的时候，也会去当新人培训的外部讲师，我能获得这份工作多亏了在人才培训公司的前同事。因此你需要与旧工作的前辈、同事、部下以及以前的客户处好关系。

承接"B2B"的工作,而非"B2C"

个人创业不应采用 B2C(对消费者)的商业模式,而应采用 B2B(对企业)的商业模式。

如果你以消费者为对象,那么单个案件再怎么样也很廉价,因此这种方式不适合个体户。

单价低就得扩大规模。为此就需要建立自发运行的组织,雇用员工,增加销售额。如前所述,它并不适合追求自由的创业类型。

相对地,B2B 可以提高单价。特别是竞标得到大企业合同的情况,单价会很高。

◇ **狩猎大企业充足的预算**

我突然打算问个问题。你知道在东京证券交易所主板上市的企业中，整体决算超过一兆日元的企业有几家吗？

在 2017 年 7 月这个时间点，答案是 145 家。假设企业年销售额超过一兆日元，且利润率为 3%，那么该企业一年就会有 300 亿日元的利润。也就是说，这些企业每天都会有大约 1 亿日元的利润进账。

这些年销售额超过一兆日元的大企业都有很充足的预算。这样粗算来，在这些利润中，有 40% 的利润会以法人税的形式上交给政府。因此这些企业通常会积极地规划广告预算和系统建设预算，以作为"对未来的投资"。

这些庞大的预算有很大一部分被大型 IT 企业和广告公司收入囊中。当然，这其中也有留给自由职业者的空间。如前所述，代理人一个人也可以签订合同，再打出"材有所用"的广告，招聘自由职业者来为大企业服务。

◇ **你的年收入只是沧海一粟**

下面介绍一个我在咨询行业一线的失败案例。我曾为一家东京证券交易所主板上市企业的系统部门提供咨询业务。这是一家贸易企业，年销售额位列日本前十。我向部长递交了一份

一年削减几十亿日元经费的方案。部长说道："只削减几十亿
日元吗？这个数额就像是个经费误差呢。"然后他就把这份方
案"踢"了回来。确实，在这家企业年销售额几兆日元的规模
下，几十亿日元的经费削减方案只是它的千分之一。打个比方，
年薪五百万日元的上班族收入的千分之一是五千日元。这就像
向年薪五百万日元的上班族建议削减五千日元一样夸张。

总之，我想说的是，委托人是越大的企业越好。个人咨询
顾问的人均月单价(每人每月的人工费)为两百万至三百万日元。
个人咨询顾问一人所要求的经费对大企业来说简直就是沧海一
粟。前面提到的代理人通常和这些大企业有一定的关联。而这
些代理人手中又握着很多个人咨询顾问。

正因为自由职业者是"零售"的，这种沧海一粟的感觉才
更加强烈。这些代理人利用的正是个体和大企业之间对于金额
认知的代沟。

顺带一提，大企业合同的工作地点大多都在首都圈。地方
上虽然也有对自由职业者的需求，但单价较低。

要做好接受创业缺点的觉悟

创业的优点如前所述，为提升单价，减少工作时间，进而享受"时间自由"。

你得到的不只有时间上的自由，还有工作上的自由。上班族时期，你一般必须遵守人事调动。而当你成为一个自由职业者后，你可以自由裁量要不要接受代理人介绍给你的工作，或委托人给你的工作。只有双方达成一致，合同才会成立。

自由职业者因为没有上司和部下，所以不存在被骂的情况。他们既不需要照顾部下，也不需要向上司报告，没有联络上司或者与上司商谈的工作。

与"时间自由""工作上的自由"这些所得相对，你也有一定的所失。典型的有下列四种。

> · 收入不稳定
>
> · 失去公司提供担保的社会保障
>
> · 失去社会信用
>
> · 接触不到最先进的技术和核心业务

可以说，如果你没有接受这些要素的觉悟，就很难创业。下面将一一进行阐述。

◇ 收入不稳定

上班族在公司里再怎么经历失败，每个月也可以得到一定数量的薪水。这种安心感在某种意义上可以说是上班族的优点。相对地，自由职业者则失去了这种"收入连续性"。有没有这种"缺点"即双方的差异所在。

问题在于要不要改变上班族时期的价值观。自由职业破坏了"钱会每月都有"这一观念，而只需要你习惯在有需求的时候大量入账的生活方式。只要有足够的客源，自由职业者可以在需要的时候，按照需求，一口气赚一笔。

事实上，我因为采取了单价加倍的方式，一次也没有借过钱。我会在需要的时候按需赚钱，用赚来的钱去旅游，在存款变少的时候回国工作。10年来，我一直坚持这一循环。上班族会认为，人一旦被排除出企业的核心，就挣不了钱。而我发现在转变这一价值观以后，自己更加安定了。

◇ **失去公司提供担保的社会保障**

人在公司工作，就能参加雇用保险、工伤保险等社会保险。然而，一旦变身为自由职业者，你就会失去这些保障。

你必须参加国民健康保险。此外，你也有丧失劳动能力的可能。为了防患于未然，你需要加入民间保险公司设置的保险，比如所得补偿保险或不能劳动的保险。

就年金而言，上班族可以参加养老保险。而创业后，你只能参加国民年金，退休后可以得到的养老金会大大减少。除国民年金以外，你还可以加入国民年金基金、个人缴纳年金等，以此来降低养老的风险。

此外，就税金而言，上班时，税金可以任性地让公司缴纳。而创业后，你需要每年自己计算税金，履行纳税义务。当然，你也可以交给税务师来代理，履行纳税义务。但找税务师需要一定的费用。

总之，到现在为止，保险、年金、税金都由公司负担。但创业后，你需要自己解决。

为此，你必须要通过自己的调查来判断自己需要加上哪些保障。这些保障往往与保险、年金相关，自然也很花钱。

你如果不能下定决心接受这一切，完成自立，就当不了自由职业者。从事自由职业，在撤掉身边"藩篱"的同时也意味着撤掉了这些保障。

但我认为，这种管理身边一切事物的能力可以使自己成长。通过这些，你既可以了解税金的结构，也可以养成自我管理的习惯，对保险、养老有关事项以及人生本身进行自我管理。

◇ 失去社会信用

自由职业者目前在日本的社会地位还比较低。由于自由职业者的社会信用不及上班族，故而他们在申请信用卡、租房等需要社会信用担保的时候面临着很多问题。这只有分开来看。信用卡一旦申请就基本不需要再次确认社会信用。故而，我推荐你在辞职前先申请几张。

◇ 接触不到最先进的技术和核心业务

和在公司工作时期的工作内容相比，自由职业者接触到大规模业务、最先进的技术、企业核心业务的机会锐减。并且，为了保密企业核心业务，公司常常会让正式员工来处理核心业务，让自由职业者作为外援处理非核心业务。

无法接触最先进的技术这一点对自由职业者尤为致命。故而，自由职业者需要通过日常的自学来弥补这一点。否则，自己的技术就会退步。随着时间的推移，在人才市场上的市场价值也有下降的风险。

◇ 接受并享受缺点吧

全盘接受上述缺点只是第一步。在此基础上，只有认为短期自由具有一定的意义，才能作为自由职业者进行创业。你必须要有这样的觉悟。

虽说如此，但自由职业者和上班族之间并没有巨大的鸿沟。也有很多人放弃自由职业，再回到公司上班。在卖方市场的行业里，也有当自由职业者积攒了经验再就职的例子。这些人获得的薪水较从前上班的时候更高。

我认为，你也可以试着当个自由职业者。你可以在体会过上班族和自由职业这两种模式，明白它们的优缺点后，再判断自己更适合哪种模式。

有些职业的技术和知识在市场中有一定的市场价值。从事这些职业的人在上班和自由职业之间的切换是没有风险的。

适合从事自由职业的人的特征

自我创业以来已经过去了 11 年。随着对自由职业接触的深入，我发现，那些创业后长期活跃的人与我有一定的共通之处。下面介绍的即是这些共同的特征。

◇ 敢于"想办法"的人

也许可以说，上班族就像是等待指令的人。创业后，谁也不会给你指令。你也不会有上司。虽说这是自由带来的好处，但由于没有人管理你的工作，你必须自律。

自由职业者需要能动地解决问题，敢于"想办法"，凭借一己之力前行。如果你不是这样的人，你很难长期从事自由职业。

◇ 乐观地认为"总有办法"的人

虽说如此，在认真地反复思考"要做什么"的时候，你也有受到精神打击的危险。也许这是一种两极化的思考方式。在力所能及的范围内竭尽所能后，如果不能用"总有办法"的这种乐观态度进行思考，你也很难长期从事自由职业。

创业后，你基本得不到任何人的帮助。面对这种漠然的环境，你会产生不安。只有对这种不安保持着乐观态度，想着"啊，总有办法"的人，才是适合自由职业的人。

总之，重要的是要能够分清楚什么在自己的能力之内，什么在自己的能力之外。

天气预报说周末出门会下雨，然而为此担心也无济于事。既然下雨是一件没办法的事，你可以做的只有"应对"。虽然这话也常被用在个人生活中，但归根到底，这种在自己的能力范围内"想办法"的态度很重要。

◇ 身心都健康的人

自由职业者健康第一。万一患了什么大病，只有上班族才可以得到一定的保障，获得带薪休假、伤病补贴等收入。但是，如果自由职业者遇上感冒休息了一天，那么整整一天的任务就会拖到下一天。如果自由职业者因生病、受伤等原因必须长期休息，那么他的合同必须被修改，他的报酬也有可能不被支付。

精神长期得不到安定也会影响工作。故而，自由职业适合身心健康的人。

◇ 能够灵活适应委托方的人

代理人曾说过这样的话：

"向委托人推荐人才的时候，最好不要使用'优秀的人才'这种词。之所以如此是因为，人才是否优秀取决于与委托人是否投缘。"

也就是说，自由职业者需要把握委托人的要求，灵活地提供适合委托方要求的技能或知识，这一点非常重要。

◇ 能够忍受孤独的人

自己创业既不用面对上司的斥责，又不用教育部下，没有同事，也没有可以商议工作的人。虽然不同工作的工作形态不同，但有时你只能一个人工作，一整天也不能和别人说话。也就是说，自由职业者需要与孤独战斗。故而，欲从事自由职业，你得不苦于这种孤立感。

打个比方，上班族就像是笼中的小鸟，而自由职业者就像是脱离鸟笼的小鸟。鸟笼可以防止外敌入侵，处于笼中的鸟亦可以从主人处得到食物。作为交换，笼中鸟无法自由地展开羽翼。

脱离鸟笼后，小鸟得到了绝对自由，可以在任何地方振翅高飞。但它们得自己觅食，也有被外敌袭击的风险。所有的事都得自己负责。

你喜欢哪种生活风格呢？

依照 PDCA 循环创业吧

你听说过"PDCA 循环"这一概念吗?

我想,有些当了很多年上班族的人也许在培训等过程中听过这个概念。回顾一下,这是一种改善业务的方法。它分为 Plan(计划)、Do(实施)、Check(评价)、Act(改善)四个步骤,并以此进行循环。

这一循环不仅适用于工作,还适合用于其他各种领域。

学生的应试学习、毕业论文,上班族的私人海外旅行以及朋友结婚时宴会的准备工作等都适用 PDCA 循环。通过反复使用 PDCA 循环,你可以一步一步切实地向着目标前进。

辞职创业这件事也可以按照 PDCA 循环进行操作。你可以制订相应的计划,加以实施,同时评估计划的实施情况,解决

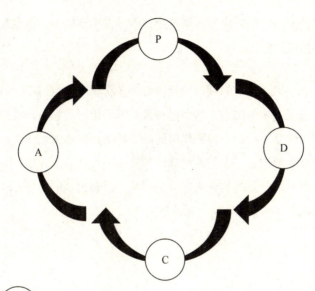

P　PLAN　建立计划

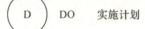
D　DO　实施计划

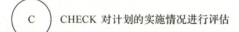
C　CHECK　对计划的实施情况进行评估

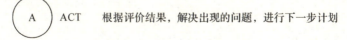
A　ACT　根据评价结果，解决出现的问题，进行下一步计划

PDCA 循环

出现的问题。如此这般，即使过程中会发生小插曲，但最终你
能够达成目标。

　　大多数人读完自我启发读物后，会带着"感觉被推了一把"
这种毫无进步的感想，然后把它丢在了一边。读它只是改变了
心情。这是不行的。如果你想的是"好吧，我试试创业"，那
么你首先得制订一个创业计划，然后逐一实施这个计划，每周
或者每月对计划的实施情况进行评估，改善出现的问题。让我
们如此循环往复，朝着目标前进吧。

创业计划的建立方法

欲执行 PDCA 循环，必须首先建立计划。倘若没有可遵循的计划，PDCA 循环就无法运作。

我们设定最终目标是成为自由职业者去创业。为了达成目标，让我们来梳理一下必要的步骤。

如下图是一个简单的例子。

横轴为时间轴，纵轴为工作分类（公司内、公司外）。需要一一进行的步骤用箭头按时间顺序进行排列。总之，诀窍是首先梳理出实现创业这一目标的必要步骤。

每个人的情况不同。有的人也许根据自己的情况会把创业的时间设在几个月之后。下图的例子中，我们假设创业的时间在 3 个月以后。

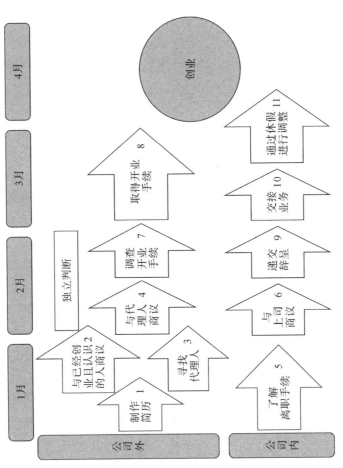

独立前的计划

4月	3月	2月	1月

创业

公司外
- 制作简历 1
- 与已经创业且认识的人商议 2
- 寻找代理人 3
- 与代理人商议 4
- 独立判断
- 调查开业手续 7
- 取得开业手续 8

公司内
- 了解离职手续 5
- 与上司商议 6
- 递交辞呈 9
- 交接业务 10
- 通过休假进行调整 11

梳理完步骤，设置好箭头（根据与步骤的依存关系决定进行的时间）以后，PDCA 循环中建立计划的步骤就正式结束了。接下去是计划实施的步骤。

◇ 制作简历

首先梳理自己的经历。创业后，简历是通过代理人取得工作的要素。

◇ 与已经创业且认识的人商议

如果你有认识的公司前辈或者同事已经创业，那么，找他们谈一谈。你也许可以得到一些建议。比如，你可以知道创业的辛苦之处，了解创业时需要注意的地方。

◇ 寻找代理人

试着在网上查找适合自己所在行业和职业的代理人。与你聊过的认识的人或许也会推荐适合你所在行业和职业的代理人。当然，这是另一种方式。

◇ 与代理人商议

拿着制作好的简历找代理人聊一聊。代理人应该会告诉你一些相关内容，譬如你会接到怎样的案例，单价大致如何，以及工作内容，等等。

◈ 了解离职手续

虽然法律规定雇员要提前两周递交辞呈，但如果考虑到交接时间，很多公司都会要求在更早之前递交辞呈。请事先调查你所在公司的规定。请注意，如果不按规定递交辞呈，你有可能面临公司不满额支付退职金的风险。

◈ 与上司商议

如果你和上司的关系不错，可以试着和上司直说自己欲辞职的想法，和他聊一聊。如果这时上司挽留你，如前所述，这说明你可以独当一面了。

至此，你应该收集到了一些判断自己是否可以创业的信息。你在这时必须下决断了。

◈ 调查开业手续

突然去当法人是一件很难的事。因此你可以首先当个个体户，以此作为创业的开始。你需要做好递交开业申请的相关准备，研究开业的住所地，制作用于业务的印章等。

◈ 取得开业手续

只需要前往税务局，提交文件。

◇ 递交辞呈

根据就业规则，递交辞呈。也许在一些人的想象中，你需要像电视剧里一样，面朝部长的座位，递出写着"辞职申请"的信封。但根据相关法律，用邮件做出辞职的意思表示也是有效的辞职方法。顺带一提，我当时递交辞呈的时候尚在国外，向当时的上司草草发了封邮件就结束了这一步骤。

◇ 交接业务

虽然根据相关法律，提前两周做出辞职的意思表示即可。为了顺利地进行工作交接，你可以将交接时长设在一个月以上。

◇ 通过休假进行调整

做好交接后，让我们来用完剩下的带薪休假。这是劳动基准法赋予的正当权利。

在实行各种步骤的同时，让我们在每周周末实施评估和改善的步骤。步骤一般按计划实施，如果实施失败，那么你需要对什么地方出了问题或者是否需要修改日程等事项进行评估和修正。假设原来的创业计划有遗漏之处或者依存关系中存在错误，那么你随时都可以修正创业计划。

如果你能按上述步骤以周为单位来落实 PDCA 循环，那么你就可以达成创业这一目标。请你一定要尝试一下。

半年だけ働く

03
——
各行各业的
创业方法

在知识产业独立

此章开始着力于介绍各行各业的创业方法。

如果你要在被称之为"知识产业"的行业独立，那么你就需要成为某一特定领域的专才。你并不需要成为万能型的通才。

比如，在 IT 行业，你如果是个掌握着 ERP 系统代表性的 SAP 技术或者 AI、大数据、物联网（事物的互联网化）等最尖端技术的专家，那么你在 IT 导入项目领域就不乏市场。

如果你会编程，是在线游戏开发或者手机应用开发的专家，那么你也很有市场。

现在 IT 人才尤为紧缺。就日本而言，根据 2016 年经济产业省出具的《有关 IT 人才最新动向与未来推算的调查结果》，2015 年，IT 人才的缺口达 17 万人。到 2030 年，因 IT 需求的扩大以及劳动人口的减少，经济产业省预计，IT 人才缺口的规模将扩大到 59 万人。

◇ 也就是说，IT 行业完全就是个"卖方市场"

其他行业也有很多使用自由职业者的情况。比如，互联网广告需要广告行业的市场营销人员，很多企业都会聘用自由职业者来发展互联网广告。

策划的专家可以去当新业务的策划人员。高单价的案例也不少。

顺带一提，我自己是咨询行业 PMO 业务的专家。PMO 是项目管理办公室的简称。PMO 业务专家主要负责协助项目管理决策，开展相关业务，为项目的顺利进行提供专业的帮助。

统筹项目整体有各种各样管理领域的细分。譬如，有进度管理、课题管理、风险管理、品质管理、成本管理、资源管理、文书管理等。我的工作是将这些项目管理流程标准化、固定化，促进组织间的协调和会议的开展，为项目运营提供相应的支持。

最近，企业一般业务中的编外项目有增加的趋势。成功在各项目中导入 PMO 的案例也在渐渐增加。同样地，如果你成了某一特定行业的专才，那么你就打好了成为自由职业者的基础。

那么，需要做什么才能成为知识产业的专才呢？

如前所述，首先，你需要入职各行业的大企业或者换个工作，按照一万小时法则进行修炼。这是最快的方法。在行业领导企业中修炼有下述好处：

· 可以在接触最尖端的技术与案例的同时逐渐成长为专家

· 可以通过完善的培训与教育体制一步一步成长

· 越大的企业越有更多创业后可以给你工作的前辈、同僚、后辈

· 行业领导者的"毕业生"在面试中比较有利

我自己是"前埃森哲经理"。我认为，这一经历成了一个"招牌"，让我在这 10 年来都可以以自由职业者的身份从事咨询业务。

虽说如此，也有很多自由职业者并不是大企业出身。但本质上来说，重要的是自由职业者本人的专业性，这一点是不会变的。

关于咨询行业的自由职业者

接下来，我想解说一下自己所在的咨询行业。

听到咨询顾问这个词，大家会想到什么呢？

2016年，有电视节目的嘉宾因伪造自己的职业经历而下台。这个嘉宾号称的本职工作正是咨询顾问。故而，也许有很多人对咨询顾问印象不好。此外，新闻中也常常出现一些诈骗事件。这些诈骗事件的嫌疑人也自称咨询顾问。因此，咨询顾问的风评也许一直不佳。这对咨询行业的从业者来说是一件很遗憾的事。

顺带一提，咨询顾问是一个谁都可以做的职业，因为它不需要资格证。而医生、护士等薪水比较高的职业要求要有国家级的资格证。因此原则上来说，谁都可以自称从事咨询顾问这一职业。咨询这一词语本来有"商议"的意思。很多时候，猎头行业的人会称自己为职业咨询顾问，恋爱专栏的作家会称自己为情感咨询顾问，理财规划师有时也会称自己为投资咨询顾问。

虽然社会上有各种各样的咨询顾问，但咨询行业指的是以企业各种问题的解决方案为买卖标的的行业。这里的各种问题指的是企业经营战略的规划、改善业务的支持、刷新系统的改革等。

东洋经济新报社出版的《行业地图》以 40 岁的收入为标准对不同行业的平均收入进行了排名。咨询行业的平均收入力压其他行业，位列榜首。我们要确立的生活方式是尽可能提高单价，通过半年的工作实现余下半年的生活自由。可以说，这对于咨询行业来说手到擒来。

◈ **咨询顾问的工作内容**

咨询行业的业务有很多需要遵守保密条例。因此我想，事实上外界很多人并不知道咨询行业做的是什么。在向非咨询行业的人解释的时候，我常常会将咨询行业比喻为"企业的医生"。

咨询顾问的工作是对合并的企业进行大规模的外科手术（比如，整合两家公司的系统），像运动员的复健医生一样协助企业改造肉体（比如，对改革业务提出建议）。大规模系统导入项目亦跨越几年的时间，需要几十个咨询顾问组成团队去完成。

咨询顾问也有擅长的领域。比如擅长制定经营战略的是战略咨询顾问，擅长人力资源领域的是人力资源咨询顾问，擅长构建系统的是 IT 咨询顾问，擅长改善业务的是业务咨询顾问，等等。

综合管理各领域的咨询顾问的是埃森哲、德硕、德勤、毕马威、日本 IBM 等大型咨询公司。这些公司拥有上千人的规模，向很多在东京证券交易所主板上市的企业提供咨询业务。

上述说明的只是咨询行业的广阔市场。最近，委托人除了大型咨询公司外也越来越多地开始使用自由职业者。很多案例就像是请复健医生改造运动员的肉体一样，会请一个咨询顾问跟进一个特定的部署或者案例，推进业务的改革。

◇ **自由咨询顾问的妙处**

如前所述，大型咨询公司拥有合伙人、经理、咨询顾问、分析师这样的金字塔形组织结构。为了确保销售额的规模，大型咨询公司常常会打包出售咨询顾问。

但是，委托人的案例有时并不大。很多情况下，委托人只需要招募一个经理级的咨询顾问。

"零售"可以应对这一夹缝中的需求。这里的"零售"指的即是雇用从事自由职业的独立咨询顾问。这 10 年来，我经手了很多这种由委托人直接委托的咨询案例。

自由职业的咨询顾问的业务来源有委托人直接委托和参与大型咨询公司项目（也就是分包）两种形式。

我比较推荐的自然是委托人直接委托这种形式。由于被分包的案例涉及的企业较多，被抽成较多，到手的报酬自然就减少了。此外，对于委托人来说，直接委托的自由职业者就像自己公司的员工一样。从某种意义上来说，直接委托的工作方式就像短期雇用一样。

我最初作为咨询顾问开始自由职业生涯的时候，也以分包的形式参与过项目。但由于分包不如直接委托，故而最近我只会接那些直接委托的业务。

直接委托只需要被一家公司抽成，与分包、二次分包相比，到手的报酬较多。此外，虽然我的工作取决于委托人，但一旦委托人决定引入外部的咨询服务，我就可以向委托人提供我 17 年来所培养的 PMO 方法论（可视化、一元化、定量化等标准化的管理方法）。对此，我感到十分高兴。

能够向委托方提供服务并得到附加值高这一评价，是咨询顾问的荣幸。这是在大型咨询公司作为公司齿轮工作的时候所得不到的感受。可以说这种感受是自由职业独有的妙处。

理解行业的"等级制度"

如欲确立"只工作半年"的工作风格,你需要了解行业的构造(等级制度)。提炼出在什么政策下工作的相关战略,是一件很有必要的事。接下来,我将以前文所述的 IT 行业作为例子加以说明。

粗略地说,IT 行业有程序员、系统工程师(SE)、IT 咨询顾问等职业。下面对上述职业进行简单的说明。

> 程序员:负责编程、敲代码的人
>
> 系统工程师:分析系统风格并设计系统的人
>
> IT 咨询顾问:听取客户需求,解决 IT 问题的人

半年だけ
働く
高级零工

　　虽然收入因委托人的预算、项目等因素有所不同，但平均的价格如下图所示。

　　打一个有趣的比方。这就像是去问堆起古埃及金字塔的人"你在干什么"一样。

　　回答"在堆石头"的人是程序员。

　　回答"在建金字塔"的人是系统工程师。

　　回答"在构建文明的人"的人是 IT 咨询顾问。

　　看问题的视角决定了最后的目标。由此，职业种类也发生了变化。

　　我自己是个 IT 咨询顾问，也没有轻视程序员的想法。程序员里也有很多优秀的人。在诸如硅谷等 IT 行业高手云集的地方，优秀的程序员可以以很高的价格进行工作。但实际上，在日本的 IT 行业，程序员还没有获得足够高的评价（作为例外，最近开发手机应用或者在线游戏的人的单价正在上升）。

　　以"极力提高单价"的角度来看，如下图所示，可以说咨询顾问才是最适合的工作。这亦是一个不仅限于 IT 行业的话题。统筹全局的管理岗位单价较其他岗位较高，是行业中不会变化的原则。

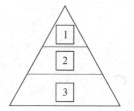

1　IT咨询顾问
　　每月的价格：200万至300万日元

2　系统工程师
　　每月的价格：100万至200万日元

3　程序员
　　每月的价格：50万至100万日元

IT 行业的等级制度

你需要在理解这些单价结构、等级制度以后，再来规划自己的职业。可以说，这个视角对于以获得自由为主要目的的创业来说是必不可少的。

通过"代为运行业务"创业

除了作为解决问题的专家进行创业以外，你也可以选择运用综合岗位的经验通过"代为运行业务"进行创业。

在运营专员、人力资源专员、经理、法务专员、总务人员、财务专员等各色职能部门人员一时短缺的时候，越来越多的企业选择利用经验丰富的自由职业者来填补空白。

如果只是简单的工作，企业可以通过劳务派遣公司用很低的单价雇到劳务派遣员工。但如果要向外部人才委托一个业务领域或者案例，企业则越来越多地选择雇用自由职业者来"代为运行业务"。

特定领域的专业知识对承接自由职业者"代为运行业务"的案例来说非常重要。

人力资源专员、经理、财务专员等在特定的管理部门中被称为是专业人员。自由职业者需要拥有这些人员所必备的知识。自由职业者帮公司代为运行业务时，也有可能会遇到对方没有工作交接意识、当个甩手掌柜的情况。即使面临这种极端状况，自由职业者也得从工作第一天开始保持专业的姿态，高标准地开展业务。只有这样，自由职业者才能得到较高的评价。

　　另外，如果自由职业者在上班族时期拥有"管理层及以上的经历"，完整地经历过一个案例或者项目，那么你的单价可以保证在上班族时期的 1.5 倍。

　　企业并不会手把手教导自由职业者。这时，如果自由职业者有"管理层及以上的经历"，他就不必等待上司的指示，可以能动地开展业务。

　　说起自由职业者，人们更容易想到那些有职业经验的专门型人才。那些有综合性岗位职业经验的人虽说在单价提升比率上比较吃亏，然而，作为自由职业者活跃的道路实际上与以前相比更加宽阔。

　　特别是有综合性岗位职业经验的人可以通过创业，实现"9个月工作，3个月自由"的生活方式。视委托人的情况，这些人也可以通过获得短期工作或者减少一周工作时间的方式获得自由。

　　和专业型岗位相比，综合型岗位自由职业的女性比例较高。很多三四十岁的女性在结婚生子后，为了工作与育儿两不误，会选择从事自由职业，以期获得自由时间。

在医疗行业内从事自由职业

有一部以自由职业女医生作为主人公的电视剧在社会上特别有人气。这部电视剧中，主人公常说的重要台词是"因为我是不会失败的"。出乎意料，医疗行业也是一个自由职业者能够活跃的地方。下面，我将告诉你一些医疗行业自由职业者告诉我的事。

在这里，从事医疗行业自由职业的"创业"指的是自己开业。

医师、护士等医疗行业从业者如果想要成为自由职业者，从某种意义上来说只要保持自己原有的技术就可以实现，故而和其他行业比起来较为简单。

在行业内部，自由职业医生有时会自嘲是"脱落医"。当然，有时也有他人污蔑性地称呼自由职业医生为"脱落医"的情况。

"脱落医"，意为脱离普通医疗职业轨迹的医生，指的是那些从普通的职业道路中脱离出来，落入高责任、高强度世界的医生。他们若进行了不适当的治疗，使患者病情恶化，就有面临诉讼的风险。医生这个群体里本来就有很多认真的人。所以他们并不喜欢这种无法提高自身医疗技术和知识的自由职业者形态。当然，世间也有可以自行提高自身医疗技术和知识的超级医生。

- · 通过签订半年到一年的合同等形式一周 5 天在同一场所工作的"专职"
- · 每周在同一场所工作一至三日的"非专职"
- · 健康检查或者只当值一天、只工作一次就结束的"单次"

顺带一提，自由职业者有以下三种风格的工作形式。

有的人会选择专职，一口气工作半年，余半年来自由生活。有的人会选择非专职，一周在同一家医院或几家不同的医院工作 3 天，休息 4 天。还有的人只参加"单次"的案例，勉强度日。各种各样的人都有。

和在医院常驻的时候相比，自由职业医生一次的单价为常驻的 1.5 倍。离首都越远单价越高。之所以如此是因为医生大多聚集在首都。

从科室看，不负责住院患者的麻醉医生（工作以手术为单位）以及贩卖隐形眼镜的商店中的眼科医生从事自由职业较多。相反，要负责住院的非专职医生有时要在医生不在的日子里随叫随到，解决住院患者的问题，故而没有多少人愿意去做。

无论是哪个科室的诊所都面向自由职业者。外来的医生由于没有住院的患者，会被派去轮班。即使外来的医生半年后离职，也不会对患者有所影响。也有很多医生做了几年自由职业者后，发现自己更想边接触最前端的医疗技术边工作，便回归了坐班的生活。

◇ 自由职业护士

同样，除了有自由职业医生以外，也有自由职业护士。通过签订有效期为 3 个月或者 6 个月的短期合同，自由职业护士可以获得专职护士 1.5 倍的收入。有的护士过着工作 6 个月，旅游一个月，再签 6 个月合同的生活。

护士短期工作的优点在于，可以从琐碎的医院人际关系中解放出来，可以经历不同的医院积攒经验，等等。

但和医生短期工作相同，护士短期工作的缺点在于，得自行学习最新的医疗知识。如果对学习新知识产生懈怠，自由职业者也有无法养活自己的风险。

04 最小限度地
生活

半年だけ働く

舍弃即战略

截至目前，本书的内容是关于"只工作半年"的方法论。两倍化单价，追求效率的做法并不仅仅适用于工作。如果私人生活也能排除无用之物，追求效率的提高，那么生活质量会进一步地提升。

◇ 最小主义与极简生活

最近关于"最小主义"与"极简生活"的书出版得越来越多。

最小主义指的是将所有物品降低到最低程度的生活方式。极简生活指的是在舒适的范围内简化的生活方式。总之，"最小主义"和"极简生活"非常适合"只工作半年"这种生活方式。

我自己在"最小主义"和"极简生活"的概念流行以前就过上了这种极力减少物品的生活。

这 10 年来，我没有在同一个地方居住超过半年，也不会去买行李箱里放不下的东西。几年来，我一直过着简单的生活，几乎不会花费时间和金钱在任何不感兴趣的事物上。

竭力排除无用之物，简化人生的生活方式有什么好处呢？

答案很简单。没有物品的人生可以节约购买物品和管理物品的时间。钱因为不乱买东西而被节约了下来。

时间和金钱被节约了下来。这为自己想要的东西和原本想做的事创造了条件。

在物质条件丰富的当下，如果生活没有坚守这样的概念，东西就会越买越多，无用之物也会渐渐在房间里堆积。如此，你会越来越少地处理更为重要的事，越来越少地看到自己原本想做的事，再累积下去，对日常生活也会越来越难以游刃有余。

因此，你首先需要整理身边的物品，舍弃不要的东西。如此，你的心灵也会得到整理。你将会以更为轻松的状态埋头于事物中。继续这样做的话，你就会越来越能清晰地看到自己需要的东西。相反地，如果你一直抱着不需要的东西不放，你会越来越看不到自己需要的东西。因为一些细枝末节而疏于应对重要东西的做法是不可取的。

◇ 排除所有无用之物，提高人生效率

美国有名的经济学家迈克尔·波特说过："战略就是决定不做什么事情。"简单说，就是"战略即舍弃"。

自 1980 年由他所著的《竞争的战略》（*Competitive Strategy*）出版之后，他的经营理论几乎没有受到学界和产业界的任何反驳。某种程度上来说，他是现代企业战略理论之父。

这个定理不只是可以适用于经营战略、市场营销等企业活动，可以说，它是一个在日常生活中也可以适用的真理。

在考虑如何有效使用有限的资源的时候，"选择"与"集中"尤为重要。可以说，这与"最小主义"以及"极简主义"等概念有一定的共通之处。

人应该对认定的领域不吝惜劳力和金钱，除此之外则一律舍弃。这一觉悟非常重要。

在举世闻名的管理者中，史蒂夫·乔布斯、马克·扎克伯格和比尔·盖茨都是"最小主义者"。尤其是史蒂夫·乔布斯。大概大家都能记得，史蒂夫·乔布斯在 iPhone 新品发布会的展示中有个习惯，那就是他总是穿着黑色高领毛衣和牛仔裤。

iPhone 也充斥着"最小主义"的概念，在设计上一心消除无用之物。

本章中，我会基于这 11 年以来对于"半年工作，半年旅行"这种生活方式的实践，谈一谈如何进行"舍弃"。

比起物品，经验更重要

可以说，"比起物品，经验更重要"这一价值观在人们之间逐渐渗透。比如说，音乐行业。CD 的销售量日益下滑。音乐家们会通过音乐现场的实地贩卖增加销售额。这说明消费者买的不是"物品"，而是"体验"。

我 20 多岁的时候在外资咨询公司工作。当时我一身名牌，或者说我当时由于物欲旺盛，会去买比普通的西装、皮鞋、手表等价格多一个零的名牌货，作为"对自己的奖赏"。现在想来，当时的花钱方法真是太年轻了，甚至还有点傻。

当时不懂事。之所以名牌货的价格高，是因为企业为了高卖采取了名品战略。这些名牌货面向有余钱的阶层，以满足他们被承认的需求。因此，名牌货被企业赋予了很高的附加值。可以说，广告行业单方面决定了人们的行为模式，向人们灌输"通过满足占有欲和物欲获得幸福"的价值观。广告也在大家不知不觉中设定了各种各样刺激物欲的鬼把戏。

比如，你知道"锚定效应"这一市场营销名词吗？

锚定效应以船的锚作为词源，指的是最初标的价格会给客户留下深刻印象，成为决定是否购买的参考，对客户的购买决策影响巨大。

说真的，服装行业就是通过虚抬标价建立起来的。客人们在冬天和夏天大减价的时候聚集于百货公司。这完全就是拜锚定效应所赐。

你即使再怎么穿戴名牌商品，也不会提高自己的价值。但物品会变旧、坏掉，有时还会丢失。欲望会被满足，然后再继续膨胀。让我们拒绝因自卑感、不拥有它就会很羞耻的感觉，想要被周围认同的欲望等攀比心态而造成的购买行为。我在这里断言，充实感绝不是靠物欲可以获得得了的，物品并不会给你带来幸福。相对地，经验会在自己的内部慢慢蓄积。经验不会消失，也不需要场地。并且，经验会带来满足感和成就感。

◇ **摆放"物品"的行李箱，容量有限。而保存经验的心灵，容量无限。**

第一章中也稍稍提到过前日本足球代表队的运动员中田英

寿。2006 年，他在德国世界杯的最后宣布自己即将退役的消息。当时，他留下了这样的名言："人生即旅行，旅行即人生。"

在旅行地获得的经验是无价之宝，甚至有可能成为改变人生的契机。实际上，这样的事在我身上就发生过。在 2005 年德国举办的联合会杯上，我观看了日本代表队的比赛。由此，我深深爱上了足球。

在 2006 年辞职之后，我的物欲自然而然地消失了，而对经验的渴望与此呈反比，变得越来越强。经验比任何事物都能让自己提高，它会成为自己的血肉。

譬如，我已经去过世界上所有的大陆，去过 55 个国家。在第一次遇到某个外国人的时候，我会用英文询问对方"来自哪里"。这时，对方的答复几乎都是某个我去过的国家。

由此，我会这样继续话题："我去过某某地方的某条街。"之后，交流就会变得非常顺利。这就是经验对我的成就。此外，我还去过朝鲜。那是 2009 年，我从中国出发，通过旅行社进行了跟团游（个人旅行是去不了的）。当时，我和日语流利的导游进行了很多交流。他问我："村上先生，来个小测试吧。对朝鲜来说，你知道如果将韩国、美国、日本三个国家按讨厌程度排列，是什么顺序吗？"我表示不知道。而这个导游恳切而又礼貌地向我进行了解说。

116

纪念照。摄于平壤金日成像前。右边是世界足球环游旅行的伙伴 Yomoken。

"答案是美国＞日本＞韩国。因为邪恶的根源是美国，而日本和韩国则是美国的帮凶。虽说如此，因为韩国和我们同属同一个民族，况且我们也在追求着未来南北半岛的统一，故而韩国没有像日本那么讨厌。"

这些在进入朝鲜以后所听到的言论是我人生的财产。有一段时间，朝鲜半岛局势成了酒桌上的话题。谁都会对这些实地见闻感兴趣。我感受到，世界旅行的见闻越来越多地成了话题的引子。

经验不仅仅只来自在世界各地的旅行，你也可以在自己喜欢的事或有兴趣的领域里积攒经验，如此，人生的深度就增加了。买东西只能满足一时的物欲，而不能让自己获得成长。

当然，我并不是想说不要买东西。预见必要事物的敏锐眼光和快速反应能力非常重要。真的有价值的物品，买了也没有什么问题。我自己由于过于喜欢足球，在世界各地大量购买球衣。家里的壁橱已经存放了近一百件球衣。我认为只有球衣才让我感到"有价值"，故而一个劲地去买它们。

只买对自己有价值的东西，除此之外一律舍弃。如果你有这样的觉悟，你的人生将会完全改变。

舍弃名誉

即使你在公司获得了升职，如果公司破产，那么这个名誉就直接归零了。想要成为自由职业者，最重要的也许是重新思考"名誉"的价值。

从别人那里获得的称号实际上没有任何价值，这和是否能够得到没有关系。努力追求名誉是一种本末倒置的行为。诚然，努力到最后可以从某人处获得表彰，得到某个有名誉的职位。从结果论上来看，名誉到底是可以被理解的。

让我们不去在乎表面的职位和名誉，集中精力提高自身的技能和能力。如此，也许评价这项技能或能力的人会自然地聚集起来。

◇　**舍弃人际关系**

自由职业的优点在于，可以自由选择人际关系。自由职业者没有必要勉强自己去和性格不合的人或者自己不擅长应对的人交往。

自由职业者虽然不能任性地在工作现场拒绝和自己不擅长应对的人交流，但由于人际关系合不来，也可以选择不续签合同。让我们根据自己的情况自定义人际关系。顺带一提，宣传人脉的人说实在的令我非常厌恶。如果你自己有魅力，那么人脉会在后面追着你跑。

总之，我想说的是，物品、名誉、人脉不是自己可以提升的东西。重要的是，不要想着入手形式，而要磨炼自身的内在。

由非数字化向数字化转型

我们生活的社会正在由非数字化向数字化急速转型。

以前人们通过互通信件进行交流。随着互联网的普及，人们实现了电子邮件的传送。最近智能手机日趋大众化，在这个时代，人们可以通过 LINE 等社交软件轻松地进行交流。

我前段时间回顾了很久没看的《2010 年南非世界杯 DVD 总集编》。在回顾时，我看到了一个具有冲击性的画面。日本代表队的运动员们从帽子中取出各色翻盖手机，通过无线通信交换联系方式。2010 年还没有智能手机，当时的主流还是翻盖手机。

苹果公司发布第一款 iPhone 是在 2007 年，根据日本总务省的《情报通信白皮书》，日本智能手机普及率超过 50% 是

2012 年的事。也就是说，智能手机大众化不过是这几年的事。

手机在外出时也可以联网，进行任意操作。这可以说是一个转型变化。Gmail 或者 Google Drive 等云服务技术正在不断地发展。无论你在世界的哪个角落，只要你的智能手机能连上网，就可以工作。

上述朝着"极简生活"或者"最小主义"的转换可以说是这些新技术带来的恩惠。

下面要说明的是有关停止使用个别管理非数字化物品的繁杂手段，利用掌心大小的"文明利器"实现完全一元化管理的内容。

◇ 舍弃纸质书

虽然本书是以纸质书的形式发行的，但对于最小主义者来说，纸质书是万恶的根源。纸质书需要摆放空间，很重，又无法即时搜索想要查找的东西，非常没有效率。

大地震到来的时候，人们还很容易被压在书架下。所以家里存着这些某种意义上具有杀伤力的书，是没有意义的。

假设你想一直利用书提供的信息，你可以选择电子书服务。代为扫描服务的花费在每本书 100 日元左右。图书电子化（数据化）以后，你就可以在任何地方阅览它们，也可以利用搜索功能，它们还不占用空间。这些都是图书电子化的好处。

今后，让我们在买书的时候尽量购买电子书。

企业提供了各种各样的电子书服务商店和阅读终端，比如亚马逊有 Kindle，乐天有 kobo，谷歌有 Play Box，苹果有 iBooks，等等。请根据自己的兴趣进行选择。顺带一提，我使用的是亚马逊的 Kindle。

读书的风格由纸质书向电子书转变，有下列好处。

> ·不占用空间→倒不如舍弃书架
>
> ·不需要去书店→只要能连上网，即使你在海外也可以点击阅读图书
>
> ·能够进行搜索→通过字符串查找，页面会一下子跳出来
>
> ·在光线不好的地方也可以进行阅读→如果你使用的是带有背光功能的终端，那么你在诸如飞机昏暗的机舱中也可以进行阅读

以前的很多书都没有被电子化，最近出版的很多书则在出版的同时发行了电子版。本书也有电子版。

我想，也许有的人喜欢纸张翻页的感觉。由非数字化向数字化转型是所有人的必经之路。习惯的话，你会感受到电子书的阅读体验更为出色。

◇ **不发新年贺卡**

明明进入 12 月后，你会因年末而奔忙，为什么你还要匆忙思考新年贺卡的设计呢？

年初的寒暄有用"官方明信片"的必要吗？想着因为日本文化如此或者因为规则就是如此的时候，思考难道不会停止吗？世上有很多更为便利的办法，比如通过 Facebook 向所有认识的人发送新年祝福，通过 LINE 向个别友人发送祝福表情。为什么要拘泥于非数据化的"纸"呢？

也许有人会想，考虑到与前辈、上司、客户等的人际关系，自己不送新年贺卡是不行的。这样想就更加欲罢不能。真不愧是日本邮政公社的战略。它以国民为单位对全国进行覆盖，拉回头客每年进行消费，使回头客深陷"阴谋"之中。

我 2006 年辞职去海外居住了一年时间。我拒绝了和所有认识的人交换新年贺卡的行为，而是通过 SNS 传达新年祝福。但我的人际关系并没有因此变得不佳。我想以此为因人际关系而无法舍弃新年贺卡的人提供一定的参考。

◈ **舍弃手账**

当你问别人日程的时候，是不是有这样的经历？别人会告诉你："现在手头没有手账，等我确定了自己的日程表之后再答复你。"

我在想，为什么不能对日程表在云端进行多元化管理呢？使用谷歌日历等管理工具，一台手机就可以轻松查阅日程。你也不需要每年购买手账进行更换，扔掉手账意味着这一本手账已经用完。但如果你在云端进行日程管理，就算丢失了手机，也能在云端找到日程数据。

想要手写的人可以使用智能手机或平板的手写功能。想要一览全局的人可以在平板或笔记本电脑等大屏幕的机器上以周或者月为单位切换着进行画面一览。

随着时代的发展，工具也在不断地发展。为了赶上时代的变化，身体的需求要求你早日脱离非数据化的世界。

舍弃手表

如果拥有手机，你就没必要戴上手表。

现在只要是公众场合，人们所到之处都会有提示时间的装置。拿出收纳在口袋或是包包里的手机，你也可以知道正确的时间。由于互联网的自动调整，时间分秒不差。

想要知道时间，你并不需要在手腕上戴上耗资几万日元的手表。

有些职业的人（比如护士等）不能在职场上随时携带手机，却需要每次以秒为单位来确认时间，这些人可以说是例外。说实在的，除此之外的不少其他职业的人戴手表都是多此一举。

有些人可能是为了打扮。有些人可能是为了彰显社会地位。这种固定观念正是广告公司设下的陷阱。为什么区区一个确认时间的"道具"会彰显所佩戴之人的社会地位呢？我必须要说，这只是为了提高手表单价的价格战略罢了。

重要的事物可以反复进行。但基于被认可的需求而拥有某些东西的行为应该被舍弃。

过去的某些时代里，正确地表示时间是一件有价值的事。现在钟表的功能已经被电子化，误差也消失了。

戴手表这一行为本身就是徒增成本。

电子手表几年就会没电一次。这时，你必须跑去钟表店对电池进行更换。表带坏了也需要修理。在旅行时，你一定也有把手表落在酒店的经历。如果去国外没有最新版的数字时钟，你就得自己手动调整时间。而智能手机则可以收到当地的无线信号，自动地调整时间。

手表会给你带来什么呢？说真的，它是个性价比很低的东西。我可以断言，现在的手表是一件无用之物。

当然，有的手表显示的是马拉松人群实时消耗的卡路里或者单位步数的实时分配，有的手表显示的则是登山人群所需的气压和海拔。虽说这些提供了其他附加价值的手表拥有价值，但如果你购买高价手表只是为了面子，那你就得改变你的价值观。而改变价值观可以说只是最小主义的起点。

舍弃现金

你还带着丁零丁零的零钱，拿着鼓鼓的、装着纸币的钱包吗？

现在支持电子钱包的店铺越来越多。支持信用卡小额结算的店铺也在逐渐增加。顺带一提，电子钱包正在北欧极速普及。根据瑞典中央银行发布的信息，在 2015 年瑞典全境发生的交易中，使用现金支付的只有 2%。

日本也渐渐在向电子钱包社会进行转变。可以说，我们即将迎来无现金的社会。让我们舍弃现金主义，向着使用诸如智能手机或者银行卡等工具进行智能化结算的时代迈进吧。

下面，我试着总结了电子钱包或信用卡的好处。

◇ **钱包精简化**

因为钱包是每天都要带着的物品，故而人们对其有精简化的诉求。最近，各公司的积分卡也出现在了手机应用商店里。随着随身携带的卡片越来越少，钱包也正在以一种惊人的速度越变越薄。

◇ **丢失钱包损失最小化**

钱包若存放着大量现金，就会有被偷的风险。在线支付的情况下，银行卡一旦丢失，就可以申请冻结，以保留申请冻结时的金额。

◇ **节省各种时间**

柜台结账常常要花时间在数零钱和拿出现金上。在线支付节约了这些时间，此外还降低了去 ATM 机取钱的频率。

◇ **自动生成账簿**

账簿应用在关联了电子钱包和信用卡之后，会自动生成账簿。在日本具有代表性的账簿应用是 Zaim 和 Money Forward。这两个应用软件可以识别智能手机拍摄的小票照片，读取结算信息。其中，Money Forward 更适合个体户申报个人所得税时使用。

不得不说，现金电子化实现了资产管理的效率化。

把人生委托给谷歌

使用同一企业的服务更适合物品管理由非数字化向数字化的转型。面向个人的云服务企业中，服务种类最丰富的企业就属全球化的谷歌。谷歌所覆盖的领域和各应用的质量都远胜于其他公司。

· 代替相册的谷歌相册

· 代替储物箱的谷歌云盘

· 代替微软办公软件的谷歌文档

· 代替商务邮箱的谷歌邮箱

· 代替手账的谷歌日历

· 代替纸质地图的谷歌地图

· 代替纸质书的谷歌电子书

◇ 谷歌相册

让我们舍弃打印纸质照片的做法。人们往往会把智能手机
或数码相机拍摄的照片储存在本地磁盘里。而本地磁盘会有丢
失的风险。我们可以选择将目前为止所有的照片存入谷歌相册。
这样的做法有很多优点：

· 在维持高画质的基础上免费无限容量存储

谷歌相册可以免费无限容量储存有着智能手机高像素的照
片，这对于不是职业摄影师的人来说是一个很好的选择。谷歌
相册可以让你省下边关注手机剩余存储空间边将老照片一一删
除的时间。

· 容易搜索

人工智能可以解析你上传的照片。此后，只要你搜索诸如
"狗""天空"之类的关键词，谷歌相册就会跳出相应的照片。
拍摄日期也是可以被搜索的。另外，谷歌相册还有人脸识别功能。
在你给人物的脸备注上姓名之后，你只要搜索这个姓名，就可
以看到相应的照片。

◇ 谷歌云盘

你是否遇到过这样的问题？"现在想要参考的文件没有存
在电脑的本地磁盘里，因此暂时无法访问。"照片也存在这个

问题。云端管理这些电子邮件的做法解决了这样的问题。

谷歌云盘还可以实现认识的人之间的文件共享。最新的文件可以被各种终端进行访问，这解决了查看不同版本文件的问题。

◇　**谷歌文档**

不要再为微软办公软件（EXCEL、WORD、POWER POINT）花上几万日元，谷歌文档免费提供了与微软办公软件相同的功能。

你有过这样的经历吗？你在微软办公软件上办公，而电脑突然死机。这种情况下，之前的工作就全部打了水漂。谷歌文档修正了这个问题，具有自动储存的功能。这个设计极度降低了数据消失后需要重新来过的风险。

◇　**谷歌邮箱**

不知道有没有人还在使用手机运营商或者网络服务商提供的电子邮箱。因为改变电子邮箱需要通知所有认识的人，所以有人会选择长期续约手机运营商或网络服务商。殊不知，这正中各企业圈住老客战略的下怀。

你没有理由不选择谷歌邮箱。谷歌邮箱不仅免费，容量也大，还与其他谷歌应用有一定的联动关系，而且对"垃圾邮件"

半年だけ
働く
高级零工

的识别度也很高。

但是，由于谷歌邮箱对"垃圾邮件"的识别度过高，它会将非广告邮件也自动分类到垃圾邮件中。这一点是值得注意的地方。虽说如此，由于人工智能的过滤机正在日益提高，我想几年后这一问题会有所改善。

◇ **谷歌日历**

如前所述，谷歌日历可以代替手账进行日程管理。谷歌日历通过与谷歌邮箱合作，对有关机票和酒店预订的邮件进行识别，以自动生成日程。谷歌日历还可以实现认识的人之间的日程共享。

◇ **谷歌地图**

我认为除了登山等特殊情况，很少有人还在使用纸质地图。如果你打开谷歌地图搜索目的地，会看到 GPS 定位提供的出行路线。出行路线以自己的现在所在地为起点，分为徒步路线、行车路线、公交路线几种。这一功能非常便利。

谷歌地图在行车的时候具有导航的作用。你可以在行车的时候把手机固定在仪表盘上，让谷歌地图进行导航。谷歌地图会用语音告诉你行车方向。譬如，"向前一百米左转"等。如此，导航仪就变成了鸡肋。

如前所述，谷歌的服务具有协同性，综合利用起来非常便利。我只在看电子书的时候不使用谷歌，而使用亚马逊的Kindle（为了使用将在第五章进行说明的编辑出版功能）。除此之外，我一律使用谷歌。谷歌在云服务领域具有排他性地位。你可以抱着将人生交给谷歌的觉悟试着使用一下。

但是，对谷歌服务的使用也有需要注意的地方。诚然，这些服务的使用是无偿的，但相对地，谷歌也有可能将这些数据以云数据的形式进行研究和开发。此外，谷歌还会将这些数据用于广告（比如，人工智能会识别每个人的喜好，再推送相关的广告）。

另外，谷歌只是一家企业，很难说它不会因为企业内部的问题而突然停止服务。虽说如此，你也不需要过于担心这一点，因为谷歌是世界上最大的云服务企业。你需要留心的是，它服务的提供方只是一家企业。

万全的密码管理之策

也许有人对于将所有的重要信息置于网上有所不安。

在网上管理各色信息的时候，你也需要一并考虑对于密码的管理。也许有很多人会说，现在几十种网络服务都需要登录密码。

使用这些服务最危险的情况是，无论是哪种服务都使用同一个密码。

现在经常有关于个人信息泄露的报道。假设用户的邮箱和密码一同被泄露，那么作恶的人会拿着这个组合去试着登录其他服务。

有的人习惯于在各色服务中反复使用同一个密码。通过上述方式，别人就会拿走这些反复使用同一个密码的人的账号，或者不正当地使用账号中的积分。受害形式多种多样。

虽说如此，但就算对几十个网络服务设立了不同密码，你也记不住。更何况管理这些密码也是一件很麻烦的事。

基于此，密码管理的工具就出现了。

市面上有"1Password""LastPass"等各种密码管理服务。操作系统以及浏览器不同，较为推荐的服务也不同，可自行搜索。我个人认为，LastPass 对实现云共享来说是最为便捷的服务。

工具会自动生成和储存相应的密码。最重要的是，工具生成的登录密码安全性很高。请注意，密码是一样既不能自己忘记，又不能让别人通过类推获得的东西。

另外，谷歌、亚马逊、LINE 等的密码被窃取后，会造成很大影响。故而这些公司在用户登录处谨慎地设置了双重认证。从别的终端进行登录的时候，你需要在平日里使用的手机应用中输入 6 位验证码。验证码每隔几十秒就会刷新一次。

通过慎重管理密码，你便可以安全地使用各种网络服务。

把所有东西拿到二手平台上卖

在日本，有种说法叫"浪费了可惜"。这个词在英文中没有相对应的词。由此产生了"MOTTAINAI"这一新的英文单词。

你有没有这样的东西？因为它浪费了可惜，所以你暂时不想扔，而是想囤着，结果把这样东西放进柜子以后，几年都没有用过它。

这种一味囤着的东西即是无用之物。

需要的时候，你可以再买。或者，你可以利用共享经济的机制，在必要的时候共享给他人。

让我们将可以电子化的东西电子化，将可以卖掉的东西在二手平台上卖掉。

　　Mercari 是日本最大的自由交易手机应用软件。在这个应用里，谁都可以简单地进行买卖交易。它操作起来非常简单。首先，你需要新建一个账号。然后，你可以试着拍下卖得掉的商品的照片，挂到市场上。卖出商品的过程简单到超出你的想象。

　　我想很多人都有对旧货交易从业者提示的超低收购价感到绝望的经历。而 Mercari 的好处在于可以让你自行决定卖出价，所以令人信服。

◇　八成的所有物都是可以出手的

　　世上有个二八定律。它正式的名称是"帕累托定律"。举个例子来解释这个法则的内容。譬如，公司 80% 的利润来自 20% 的优秀员工。

　　这个法则对于我们的日常生活也同样适用。大家所拥有的物品只有 20% 是真的重要的东西，剩下的 80% 是那些突然扔掉也不会产生什么问题的东西。

　　比如衣服。你有没有这样的感觉？自己喜欢的衣服占自己所拥有的衣服的 20%，但你穿这 20% 的衣服的频率为所有衣服频率的 80%。

　　总之，我们可以痛下决心，把今年几乎没有穿过的衣服在二手平台上卖掉。卖不掉的东西则可以扔掉。

为什么要扔掉呢？

因为囤着它们会产生成本。首先，它们占用了所摆放的地方。其次，万一它们破了，你还得花钱去修。还有搬家和转变风格的时候，光是那个量就足够你花很多时间。

为了让人生更加极简化、效率化、更为轻松，让我们对物品进行取舍吧。

利用共享经济

大家听说过共享经济这个词吗?

共享经济是指将个人所有的闲置资产通过网络和他人共享的一种新的经济模式。现在政府和地方自治体正在越来越积极地推进这种经济模式。

譬如,提供所谓的民宿中介服务的爱彼迎(Airbnb),提供打车服务的优步(Uber),都是有名的共享经济公司。

它们的商业模式是将个人的闲置资产共享给他人。在爱彼迎,个人的闲置资产指的是房屋和物件。而在优步,个人的闲置资产指的是机动车。

其他还有贩卖个人时间的时间银行(Timebank)、共享资金的众筹等。

共享经济从 2008 年开始兴起，本来指的并不是个体间的共享，而是法人提供的租赁服务。

　　月租房和周租房指的是在通常的租赁标的物上附加生活必需的家具或电器一起出租的租赁形式。而租赁 CD 则是以前就有的租赁形式。

　　最近还出现了共享办公室（联合办公）、按小时共享机动车（Times 租车）等服务。

　　此外，还有共享单车服务。日本很有名的是 NTT DoCoMo 提供的社区单车。社区单车 30 分钟的租金是 162 日元。并且，它还不需要被放回原处。你只要把它放在东京几百个停车场当中的一个就可以了。

　　还有儿童游戏设施的共享、自建网站的服务器租赁服务等。

　　随着国民人口的减少，闲置资产正在增加。时代正在从"所有"转向"共有"。

　　共享经济的生活方式要求人们不亲自获得物品的所有权，在必要的时候使用需要的量。这种共享经济的生活方式和生活成本的削减以及生活效率的提高具有一定的联系。

舍弃住宅去住月租房

我自 2016 年辞职以后就没有定居下来过。我并不是想强迫大家过上和我一样的生活方式，只是想以此作为最小主义的终极案例给大家提供一些参考。

2012 年游牧这一词语流行的时候，我已经过上了除老家以外没有其他任何据点的生活，故而有时会顺着潮流称自己为"真游牧者"。

虽说是最小主义者，但实际上恐怕没有人会像我一样把自己的住宅都舍弃掉。

为什么我要在辞职的同时卖掉自己的长期住宅呢？

单纯地说，这是基于"轻便"的需要。

对"半年工作，半年旅行"这种生活方式的长期贯彻来说，定居没有任何意义。相反地，这倒像是一个障碍。

当然，比起住普通的出租房，月租房反而要花更多的租金（1.5 倍到 2 倍左右）。通常月租房的家具、家电一应俱全。这里的家具包括桌子、床等。家电包括电视、洗衣机、微波炉等。月租房的租金还包含了光热费、网费等费用。这样说来，它的价格也并不高。

这种没有住宅的生活让生活更加轻松。突然要出国的时候，你可以轻松地把月租房退掉。这一优势不仅限于出国的时候。年初、年末以及盂兰盆节这些需要回老家待两周的时候也同理，不会白白浪费空间和租金。

这样的话，不在东京的这段时间里，我就避免了对所去之地的旅居费和东京住所的租金进行重复付款的状况。

虽然月租房的月租金较高，但由于我一年中有半年不工作且不在东京，从整体上来看，这反而节约了租房开销。

此外，在工作上，我保持着工作平均一年一换的频率。每当换工作的时候，我都会搬到可以走路去上班的地方。这让我告别了乘坐满员电车的生活。

我一直住在徒步走到工作地点 5 分钟的地方。和家离工作地一个小时的上班族相比，我每天节约了往返两个小时的时间。

与此同时，我还节约了交通费，还将自己从满员电车的压力下解放出来。假设一周工作 5 个小时，我每周省下了 10 个小时来做更加有意义的事。

综合全年，我还节约了租房开支。对我来说，我通过"减少通勤时间"获得了很多好处。这正是"不定居"最大的优点。

我的工作大半都是在东京开展项目。虽然也有一次是在中国上海的工作。每当获得海外工作的 offer 时，我会想："即便是明天让我去国外，我也可以马上出发。"这使我一身轻松。

对我来说，周旋于月租房的生活只有好处没有坏处，这是因为我"没拥有什么东西"。这种"没拥有什么东西"也是一种最小主义的最终形态，希望可以给大家带来一定的参考。

05 ——
混合式
生活

半年だけ
働く

有意识地沉溺于自由

本章介绍的是工作效率化和个人生活效率化的方法。通过"半年工作，半年旅行"，我们获得了自由。那么，该如何使用这些自由呢？

自由来之不易，我们应该尽情地积极利用自由时间。不怕误解地说，就让我们有意识地沉溺在自由中吧。

如第一章所述，创业的理由可以是无意识的。这乍一看或许有矛盾的感觉。但什么事都需要张弛有度。

在工作的半年间，你不需要有意识地去拥有商业眼界，只需要干脆明确地认识到工作是"为了自由""为了吃饭"就够了。

只要你在擅长的事情上尽可能地提高单价，你的效率就会很高。

相对地，在自由的半年间，你需要在工作中获得的"粮草"的基础上，有意识地向着自己喜欢的东西进发。这半年简直就是用来满足人生自我实现的时间。

最不好的是没什么爱好，懈怠于自由时间的模式。将自己关在家里无所事事、昏昏度日。来之不易的时间就这么被浪费了。

我认识很多从事自由职业的咨询顾问。在这些人中，有的人在自由时间里游手好闲。自然，这些人的工作也相应会受到不好的影响。有时这些人甚至怎么也找不到下一个咨询项目。这简直就是让自己的人生陷入失败的怪圈中。而在自由的时间里尽情玩耍的人则处在一个良性循环中。

◇ 没什么爱好该当如何

可能有的人目前没有遇到过自己喜欢的东西。在 28 岁辞职前，我自己也处在这样的状态中。虽然自己曾经也有一些喜欢的东西，但因为上班族时期工作极度繁忙，当时的自己已经失去了说"我的爱好是这个"的自信。

辞职得到自由时间后，我慢慢地发现了自己的爱好，那就是"足球和旅行"。这正是我在自由时间里环游世界，前去"寻找自己的旅行"后，好不容易才找到的答案。五感在非日常的空间里会变得敏锐。你也许会突然灵光一现："我正在寻找的东西就是这个！"如果你可以这样积极地进行思考，那么你的爱好总有一天会"上钩"。

小时候，大家都在毕业相册里写下过"未来的梦"。现在有的人并不知道自己爱好的领域是什么，这些人需要试着去修改那个"未来的梦"。古谚说："三岁看大，七岁看老。"正如这句古谚所说的那样，你潜在喜好的答案或许就藏在小时候的"未来的梦"里。我在小学的毕业相册中写的是"未来的梦＝作家"。独立创业后，我实现了这个梦。

那么，具体该如何去有意识地沉溺于自由呢？

◇ 时常具有输出意识

找到爱好之后，让我们在享受爱好的同时也进行一定的输出。比方说，你可以在博客上发布信息，或是在 YouTube 上制作关于爱好的视频，这些都是所谓的输出。

追星的人可以在博客上写下前往握手会的感想。喜欢在线游戏的人可以在 YouTube 上发布游戏的实况视频。

由于现在互联网已经非常发达，向外界进行输出的难度非常小。20 年前，为了让自己的输出可以传播给更多的人，你需要依靠已经存在的媒体。比如，出演电视节目，投稿给杂志，出版图书，等等。

但现在我们可以免费地开设博客，向 YouTube 等视频网站投稿。即使创作者是个普通人，只要发布的内容有趣，就可以在推特、脸书等社交网站得到分享，如果能得到良好的曝光，那么这个作品就可以传播给几百万人。这种模式的转变可谓是革命性的。

如果你喜欢的是音乐，那么你可以在 YouTube 上发布自己作词作曲的作品。如果你喜欢的是漫画，那么你可以在推特上发表自己画的作品。

有很多在公司工作的人也许担心会违反规定。这些人在发布信息的时候会进行自我克制。也有一些人只在仅向好友公开的地方发布日记。但自由职业者好不容易才从这些事情中解放出来，故而应该积极地发布信息。

有意识地持续进行输出具有很多优点。

· 给你加油的人增加了

如果你能持续地输出内容，那么和你有相同爱好的人就会对你产生兴趣。有时他们会对你的输出活动进行支持。

· 锤炼自己的爱好

为了面向大众进行输出，你不可以写无聊的文章。因为认真考虑了文章的结构，故而你所写的文章的质量也会上升。在这个过程中，你可以渐渐打磨自己的"爱好"。

· 收集核心信息

随着信息的持续发布，相关的乃至有用的信息会十分容易地被聚集起来。这是人世间的真理。

像这样，在尽情享受喜欢的领域，持续进行输出之后，你可以得到各种各样的回馈。

我如何将足球这一爱好变现

你可以通过持续输出涨粉。当你的作品有了一定的人气之后，你就可以进行变现。

下面我将以自己的爱好足球和旅行为例，对如何变现进行解说。

一万小时法则同样适用于自己喜欢的领域。

我自己爱上足球的现场观赛已经有 12 个年头。12 年来，我已经到访过世界上 170 多个体育馆。这个数字从某种意义上来说足够我自称足球观赛的"专家"。

必须要说，足球观赛后我在博客上写现场报告的习惯始于刚开始创业的 2006 年。我还记得，当初我完全没有考虑到变现的问题，只是想纯粹地记录生活，就愉快地开始了博客上的记录。

　　最初我的博客完全不火。当时，我追随着日本足球代表队的脚步进行旅行，连续 3 年观战了包括 2006 年德国世界杯、2007 年东南亚四国共同举办的南亚世界杯、2008 年北京奥运会在内的比赛。与此同时，我也更新着博客。然而每次在我更新的时候，到访的核心读者只有身边的几十个认识的人而已。

　　最初 3 年，我还不知道如何在博客打广告，只是在博客随心所欲地记录下喜欢的事物。

　　2009 年，我开始了世界足球环游旅行。此后，由于媒体的报道，我的知名度渐渐上升。随着"世界足球环游旅行"中获得的素材不断地得到媒体的介绍，我的读者数量也上升到了几千人、几万人。

　　2010 年，我出版了《世界足球环游旅行》一书。至此，我实现了自己总结的输出内容的变现。

　　以此为界，网络撰稿的委托，以及电视、广播等的出场委托源源不断地找上了我。

　　后来，在我结束了世界杯与奥运会的现场观赛，回到了日本的时候，我的推特的粉丝数已经突破了 1 万人。此后，我开始以"回国报告会"为题举办演讲活动。演讲活动每年举办 3 至 4 次，每次都吸引了 50 至 100 名观众。

2012年，我出版了《百倍享受日本足球—球迷生活的方法》一书，开始涉足足球媒体的事业。

　　早在2014年，我有了这样的判断：要使自己在2014年巴西世界杯作为足球媒体实现当年的盈利，我得宣布自己"作为职业球迷养活自己"（也就是说仅凭足球事业还无法达到养活自己的地步）。于是2016年，我宣布自己成了职业球迷。

　　顺带一提，"职业球迷"中的"职业"并不是指技术优秀的专家，而是指专门从事某一领域（赚钱）。

　　在足球领域，有很多人拥有这样的洁癖："球迷应该无偿地支持球队，为爱发电。借此赚钱的人是伪球迷！"因此常常有人跑来私信我这个问题。而我秉承着"球迷的支持"这一宗旨发布足球相关信息的行为业已持续了12年。

　　回顾从事自由职业后的这11年，2009年到2010年的"世界足球环游旅行"对我来说是一个转机。我现在可以这样解释道，虽然一年的支出达600万日元，但在我看来，这不是一种浪费，而是一种投资。

　　多亏了这一投资，我得以过上围着足球转就可以谋生的生活。对此，我感到非常自豪。我的经历证明，极尽有趣的事并持续发布相关内容，是可以获得影响力的，即使影响力还没有那么大。

如何通过喜欢的东西赚钱

　　利用网络变现的方法有很多。下面介绍几种具有代表性的方法。

◇　在博客打广告

　　随着核心内容的不断增加，博客的浏览量也在渐渐上升。这时，你可以每月张贴广告，来获得与浏览量挂钩的收入。我每个月可以由此获得几万日元。

◇　在 note 上赚钱

　　Note 是一个网站。它用于有偿贩卖自己的内容（文章、照片、插图、音乐、影像）。人气上升后，你可以通过这个网站轻松变现。

◇　在亚马逊的 Kindle 上出版作品

　　以前，人没有名气就不能在出版社出版图书。虽然也有自费出版，但卖出图书需要花费几十万日元。所以这并不是一个良策。

　　现在，亚马逊的 KDP（出版服务）可以让任何人免费贩卖电子书。

　　而且如果电子书满足由亚马逊独占贩卖且价格区间在 250 日元到 1250 日元之间等条件，版税可以达到 70%。而纸质书版税的平均价格仅为 10%。

　　只是，版税合同主流的做法是按纸质书的印刷量来支付版税。相对地，KDP 支付版税按的是卖出去的量。也就是说，你如果自己不努力销售的话，就得不到版税。

　　我已经在亚马逊出版了两本书。它们由亚马逊独家贩卖。由于推特粉丝的竞相购买，我获得了与出版纸质书相同规模的版税。如果你有为你买单的粉丝，你可以选择 KDP 进行变现。

◇　建立在线沙龙

　　我现在在脸书上运营着一个收费的在线社区。这个社区面向的是计划去现场观战俄罗斯世界杯的人。它主要提供的是早日低价入手比赛门票、酒店、机票的方法以及我早先前往俄罗斯所获得的当地信息等。

在线社区只上线一个月，就有了几十万日元的销售额。如果你能提供稀有信息，那么你可以选择去运营一个在线沙龙。

◇ **在视频网站上打广告**

有趣的原创内容可以发布到视频网站上，以此获得广告收入。我在进行世界足球环球旅行的时候，拍了一个在国外突击采访运动员的视频，发布到网上后获得了几十万的点击量。

内容有了人气之后，请你试一试上述变现方法。

将"喜欢"与"擅长"相结合

第一章中提到,"擅长的事"是"只工作半年"的要素。而"擅长的事"与"喜欢的事"的结合会产生意想不到的化学反应。

在咨询行业,我培养了分析能力。我将这一能力运用到了足球领域,由此写出了别的足球作家不能写出的文章。

比如,我投稿过一篇多角度分析日本职业足球联赛观众动员人数的文章。这篇文章被雅虎热门话题选中,成为雅虎当月的优秀文章。

"足球+咨询"领域从某种意义上来说是个蓝海。因为没有什么竞争者,所以我被委托撰写了很多文章,比如足球俱乐部经营分析的文章等。

可以说,"只工作半年"这种生活方式的妙处正是在于将擅长的事和喜欢的事相结合。

虽说如此，我们很难只通过爱好养活自己。如第二章所述，人如果不能将 B2C 的生意规模化，就很难摆脱赚零花钱的命运。

根据我的亲身体验，推特的粉丝数超过 10 万人的博主可以以粉丝给予的金钱和影响力作为对价，获得企业的报酬。由此，这些博主可以仅凭自己的爱好养活自己。

我现在的粉丝数是 3.8 万人，远远比不上这些博主。

但在"只工作半年"这种生活方式下，有通过"擅长的事"认真赚到钱的武器。为了生存所需的金钱，人们需要在脚踏实地的实业中赚钱。正是因为在实业中赚了钱，人们才可以再度投向"喜欢的事"。

相反，如果人们将赚钱作为做"喜欢的事"的主要目的，那喜欢的事也有可能会变成不喜欢的事，从而引发自我矛盾。这一点值得注意。

在享受喜欢的同时随缘赚钱。拥有这种心态才是最开心的。

只工作半年的道路终点

至此，我阐述了以自由为中心的生活方式。但也许有很多人认为：这样的工作方式在年轻的时候是不可能实现的。最后，我想谈一谈如何从"只工作半年"的生活方式中退出。

世间流传着咨询行业自由从业者 40 岁界限说、IT 行业自由职业工程师 35 岁界限说。这些论调看似非常合理。但是，时代是在变化的。

随着人口的老龄化，各种行业都开始面临人手不足的问题。企业雇用优秀人才时也越来越不看重年龄。

我从事自由职业是 28 岁的事。当时我的想法是尽量以自由职业者的身份做咨询到 40 岁。然而，写这本书的时候，我的年龄已经有 40 岁了。

我作为独立咨询顾问受理过几十家公司的委托。在工作现场，我看到了很多四五十岁的自由职业者。我也感受到自己还可以在自由职业里继续走下去。

虽说如此，应该也会有人对即使四五十岁也要继续从事自由职业一事感到不安。

假定第一经历是上班族，第二经历是自由职业者，那么接下来的第三经历又会有哪些选项呢？我试着总结了一下。

◇ **回归上班族**

首先，你可以选择回归上班族。

有的人无法忍受孤独，故而回到了上班族的行列。也有的人追求工作的价值和头衔，也回到了上班族的行列。

在我认识的自由职业者中，有人因为孩子考试需要父亲的职业头衔而重新就职，成了东京证券交易所主板上市企业的副科长。虽然收入下降了，但是他因家庭之事做出的选择非常果断。

如果你能说明从事自由职业期间的业绩，让别人理解你原来成为自由职业者的原因，那么你就有可能实现再就职。

有人可以通过排列组合第一章中提到的"创业的四种方法"生活着。

◇ 创业建立组织架构

有的人在自由职业者时期有了新的想法，遇到了合伙人。他们选择承担风险进行创业。

比如，长期从事自由职业的人，不管自己愿不愿意，都会有广阔的人脉。自由职业者的朋友也会来找你商谈，也有人通过给这些想从事自由职业的人介绍代理人的方式赚取佣金。

◇ 成为创作者

在半年自由的时间里，你可以彻底追求自己的爱好。如果你因爱好创作的作品可以变现，你也可以选择以此为生。

◇ 不劳动即可获得收入

有的人在从事自由职业期间，开始存钱投资不动产等资产。

◇ 贯彻自由职业路线（在上班族的"延长线"上创业）

代理人说，最近自由职业者40岁界限说逐渐崩盘，到了40岁继续从事自由职业的人与以前相比越来越多。的确，人到了50岁，雇用机会就会变少。即使如此，还是有一帮人继续从事着自由职业。当然，如果你可以好好保持技术，不使技术退步，那么是否能找到工作无关年龄大小，亦无关是否是自由职业。

自由职业者可以建立起一个人也能运转得了的小买卖，可以继续与兴趣有关的创作，可以综合运用资金配置资产，还可以一年中工作几个月，对人（他人和自己）、物、钱排列组合。这难道不理想吗？

自然，还有很多悬念。比如，结婚了怎么办？生了孩子怎么办？父母需要看护怎么办？等等。

我自己在写这本书期间就经历了看护。我的父亲处于食道癌晚期，临终时切换到在家看护的模式，一直待在老家。由于不是上班族的关系，我反而得以轻松地在家看护父亲。

我想，正是因为我是个自由职业者，处于60%工作的状态，我才可以每周回家，和父亲一起度过最后几个月。

"如果建立了家庭，你会不会因自由职业的身份不安？"对此，我（未婚）无法回答。为此，我在几年前向一个40多岁的自由职业者请教过。他与我同在一个项目组，是两个孩子的父亲。他放言道："即使有了妻子也没有什么关系。自由职业者有更多的时间和孩子在一起，故而自由职业反而是个加分项。因为现在的收入很棒，我也没有放弃自由职业的打算。我有自信在未来的10年继续这样工作下去。我的目标是10年后退休。"

总之，长期从事自由职业的人的共同点在于，他们用各种方法排除了自由职业者的不安要素。

　　提升自己的技能，构建自己的收入组合，通过 PDCA 适应年龄增长带来的状况。这些点都非常重要。

麦肯锡日本区前总裁大前研一著有《时间与浪费的科学》一书。该书中对改变一个人的方法做了如下论述：

　　改变一个人只有三种方法。

　　一是改变时间分配，

　　二是改变居住地点，

　　三是改变交往的对象。

　　一个人只有通过这三个要素才能发生变化。最没有意义的方法是"改变想法"。（笔者观点）

　　自辞职以来，我人生的时间分配改变了。它变成了"半年工作，半年旅行"的配比。

辞职后，我搬到加拿大温哥华，在有项目的时候又搬回日本，住在步行五分钟就可以到委托人办公室的地方。

辞职后，所交往的人也完全发生了变化。

由此，我的人生也完全发生了变化。

有人会不满于当下的上班族生活。这些人可以试着去改变。他们可以通过辞职改变时间分配，通过获得自由来改变居住地点，通过从事自由职业来改变交往的对象。直言不讳地说，很多读者都会去买自我启迪的读本。然而读者虽然在刚读完这些书的时候决定"改变想法"，但实际上没有改变任何事。然后，他们又买了相似的书。

毫不夸张地说，重复这种"被推了一把的感觉"支撑了自我启迪读本的市场。事先声明，我自己并没有出第二本、第三本自我启迪读本的意图。

如果你日常满是抱怨，那请你暂且先付出行动。

佐藤圣一先生对于本书的编辑提供了很大的帮助。在我卡壳的时候，他一直在一旁鞭策着从事自由职业的我。对此，我表示非常感谢。

此外，我还要感谢企业法人 sevenzen 的法定代表人横山哲先生。他一直为我的这种生活方式提供支持，帮我寻找符合我任性的条件的项目。

　　每当我回家的时候，我的父亲都会对我说："你一直地追着足球跑，什么时候才能安定下来干点正事儿啊？到底什么时候结婚啊？"

　　然而，在我写这本书的时候，他因食道癌亡故。

　　我很想通过本书传达的人生观告诉我父亲，我在按照自己的信念度过人生。然而已经来不及了。

　　谨以此书献给我在天国的父亲。

　　　　　　　　　于日本足球代表队海外远征地 – 比利时布鲁日

　　　　　　　　　　　　　　　2017 年 11 月

　　　　　　　　　　　　　　　村上敦伺